MARCO ⊕ POLO
BAYERISCHER WALD

Reisen mit
Insider-Tips

Diese Tips sind die ganz speziellen
Empfehlungen unserer Autoren.
Sie sind im Text gelb unterlegt.

die ...

für Ma...

für alle Objekte, bei denen Sie auch eine schöne Aussicht haben

für Plätze, wo Sie bestimmt viele Einheimische treffen

⚲
für Treffpunkte für junge Leute

(108/A 1)
Seitenzahlen und Koordinaten für den Reiseatlas Bayerischer Wald
*(**O**) außerhalb des Kartenausschnitts*

Diesen Reiseführer schrieb Peter Seewald. Er ist in Passau
aufgewachsen und arbeitet als Journalist in München.
Heiner F. Gstaltmayr aktualisierte den Band.

Die Marco Polo Reihe wird herausgegeben
von Ferdinand Ranft.

Die aktuellsten Insider-Tips finden Sie im Internet unter http://www.marco-polo.de

MAIRS GEOGRAPHISCHER VERLAG

MARCO ⊕ POLO

Für Ihre nächste Reise gibt es folgende Titel dieser Reihe:

Die Marco Polo Redaktion freut sich, wenn Sie ihr schreiben: Marco Polo Redaktion, Mairs Geographischer Verlag, Postfach 31 51, D-73751 Ostfildern

Unsere Autoren haben nach bestem Wissen recherchiert. Trotzdem schleichen sich manchmal Fehler ein, für die der Verlag keine Haftung übernehmen kann.

Fotos: Amberg (51); HB-Verlag Hamburg (12, 100); Lade: Binder (97); Mauritius: Gebhardt (4), Grimm (48), Hubatka (107), Mehlig (52), Noble (80), Schröter (17, 83), Stauber (39), Thonig (6), Weinhäupl (86); Schapowalow: Waldkirch (75, 77); Schuster: Eigner (26, 59), Strobel (38), Tönges (70); Sperber (15, 78); W. Spitta (18, 22, 24, 30, 35, 42, 44, 61, 84); Thiele (62); Transglobe: Willner (73); Widmann (21)

5. aktualisierte Auflage 2000 © Mairs Geographischer Verlag, Ostfildern
Chefredakteurin: Marion Zorn
Lektorat: Beatrix Müller
Gestaltung: Thienhaus/Wippermann (Büro Hamburg)
Kartographie Reiseatlas: © Mairs Geographischer Verlag

Printed in Germany
Gedruckt auf 100% chlorfreiem Papier

INHALT

Entdecken Sie den Bayerischen Wald!

In einem der ältesten Gebirge Europas finden Sie ursprüngliche Natur und Menschen mit einer langen Geschichte

Im Osten Bayerns ist der Wald dunkel und geheimnisvoll, Tausende von Jahren alt und ursprünglicher als anderswo – ein Bild von einem Wald, wie es keine andere Gebirgsgegend großartiger aufweisen kann. »Man glaubt«, notierte hier Adalbert Stifter, »die Welt ist voll Ruhe und Herrlichkeit.«

Das Land in den hintersten Winkeln war lange Zeit Notstandsgebiet. Es zählte die meisten Arbeitslosen und die höchsten Kältegrade. Dörfer an der Grenze bekamen erst um 1960 elektrischen Strom. Häuser waren Hütten, und Kinder gingen in Holzschuhen zur Schule. Nicht die Schlechtesten wanderten aus, litten, wie es für den Menschenschlag hier typisch ist, schaurig unter Heimweh. Eine weltferne Gegend – aber daraus ist Kapital geworden. Der Bayerische Wald ist Reiseland mit Charakter: mit ursprünglicher Natur und vergleichsweise guter Luft, mit bescheidenen Kirchdörfern und hochklassigen Kunstdenkmälern, mit unzähligen Wander- und Skirouten, mit schwarzen Hügeln und kargen Fluren, natürlichen Badeseen und kraftvollen Bergströmen – mit einer Gebirgslandschaft, die zu den ältesten und schönsten Gebirgen Europas zählt.

Noch bis zum Ende des 19. Jahrhunderts galt die Region den Geologen als »terra incognita«, gänzlich unerforscht. Erst die touristische Erschließung zerstörte genau das, weswegen die Touristen gekommen waren; dabei degenerierten die Einheimischen zur folkloristischen Kulisse. Seitdem der Eiserne Vorhang gefallen ist, gibt es einen neuen Sprung: Das größte zusammenhängende Waldgebirge Europas liegt nun wieder in der Mitte des Kontinents. Und das frühere Armenhaus Bayerns entwickelt sich zur Ferienattraktion mit immer ausgesuchteren Angeboten und grenzüberschreitenden Möglichkeiten.

Von wilden Bächen und Flüssen durchzogen sind die »Urwälder« des Bayerischen Waldes: hier der Bergbach Flanitz

Der Bayerische Wald, eine Fläche von 5200 Quadratkilometern, ist Grenzland, Bauernland, und mit 98 Einwohnern je Quadratkilometer (Deutschland 229, Bayern 171) noch immer dünn besiedelt. Eindrucksvolle Natur zeigt sich nicht nur im Nationalpark, sondern auch an den Schachten (ehemaligen Weideflächen für Stiere) und Hochmooren und den anderen ökologischen Inseln, die dem Eingriff der Menschen entzogen wurden. Sogar eine insektenfressende Pflanze gibt es, den rundblättrigen Sonnentau. Und immer wieder locken neue Panoramen. Das Schöne: Es gibt keine tiefen Schluchten, im Bayerischen Wald ist man immer oben.

Für Freunde sakraler Kunst lohnt sich beinahe jede Kirchenbesichtigung, von den kleinen Kapellen bis zu den berühmten Gotteshäusern, die in Barock und Rokoko schwelgen. Sie sehen Burgen und bedeutende Klostersiedlungen im Abteiland, wuchtige Kirchen aus Granit als Zeugnisse frommer Volkskunst. Nicht zu vergessen: die prächtigen Schöpfungen der Kirchenkünstler Cosmos Damian und Quirin Ägid Asam.

Im Wald gibt es viele Museen, die Einblick geben in Arbeit und Brauchtum vergangener Zeit. Am Rande entdecken Sie vielleicht auch schöne alte Waldlerhäusl, von denen viele der Überlieferung nach aus dem 30jährigen Krieg stammen. Die Bäume, mit denen sie gebaut wurden, mußten übrigens — so der Brauch — in der Weihnachtszeit gefällt und mit Ochsenblut konserviert werden.

In dem typischen Mittelgebirgsklima können die Sommer feucht sein, die Herbste sind schön und klar, die Winter lang und hart, vor allem, wenn der gefürchtete »Böhmwind« aus dem Osten kalte Luftmassen heranbläst. In Klingenbrunn im Nationalpark Bayerischer Wald zeigt das Thermometer dann schon mal knapp vierzig Grad minus. Wer freilich diese Winter nicht kennt, kennt auch den Bayerischen Wald nicht ganz. Früher hatte der Schnee seinen Schrecken, heute ist er oft nur noch schrecklich schön — mit den tiefverschneiten, verwehten Baumobelisken in der glitzernden Wald-Winterlandschaft.

Das Gebirge besteht aus uraltem Gneisgestein, durchzogen

Landschaft bei Frauenau mit Blick zum Falkenstein

von mächtigen Granitkaminen und einer mit Quarz ausgefüllten Erdspalte. Dieser Quarzpfahl reicht von Viechtach, wo er als weiße Mauer hervortritt, über Grafenau, Freyung, Neureichenau bis ins österreichische Mühlviertel. Die Granite sind Glutflußgestein, Gestein also aus dem inneren Erdmagma. Am Lusen, Haidel und Dreisessel stehen sie besonders bizarr und wirr. Und vom Lusen sagt die Legende, die Steinwüste aus bisweilen gewaltigen Granitblöcken habe der Teufel hier vom Gipfel hinuntergeschmettert.

Den Gebirgszug kennzeichnet ein Hauptkamm (15 km breit) von der Further Senke im Norden bis zum Dreisessel. Es gibt mehr als sechzig über tausend Meter hohe Gipfel in diesem Gebiet. Der höchste davon, der Arber (1456 Meter), König des Bayerwaldes, ist natürlich ein Fixpunkt. Besonders eindrucksvoll: der von Schnee verzauberte Gipfel mit den eingefrorenen Skulpturen der Bäume und Felsen. Bei guter Sicht kann man weit bis in die Alpen sehen. Oder, in Richtung Osten, auf den Urwald Kubany in Böhmen.

Das schönste im Land zwischen Donau und Gebirgskamm sind die stillen Seen und bizarren Granitberge, Burgen und Schlösser, die vielen noch originalen kleinen Dörfer und Märkte. Und am oberen und unteren Zipfel des Bayerwaldes stehen obendrein kulturelle Glanzpunkte: die Städte Regensburg und Passau mit ihren mittelalterlichen Stadtbildern und der 2000jährigen Geschichte.

Im oberen Teil der Region mit dem Tal des Regen gehen Natur-

park Oberpfalz und Bayerwald ineinander über. Hier liegt die ruhigste Urlaubsgegend, mit noch einsamen kurvigen Straßen und verträumten Weilern. Es gibt den Vorwald mit seiner sanftgewellten Hügellandschaft, er ist als »Gäuboden« die Korn- und Rübenkammer Bayerns. Ein altbayerisches, gutkatholisches Land, wie man sehen kann: Schon von weitem grüßen die Zwiebeltürme der Rokokokirchlein. Die Hänge um das Arbermassiv kennzeichnen herrliche Wälder. Den Kamm entlang der Grenze führen Wanderwege, oft so abseitig, daß man stundenlang alleine marschieren kann, belästigt nur von kleinen Fliegen, die einem um den Kopf schwirren. Einzigartige Urwaldgebiete tun sich auf, wie das Höllbachgespreng am Falkenstein bei Zwiesel. Gespreng heißt Wildnis aus Felsen, Bäumen und Pflanzen, und das ist die beste Bezeichnung für das Wasserfallgebiet mit den Baumriesen.

Die Landschaft um Spiegelau, Frauenau und Finsterau hat den typischen Bayerwaldcharakter, herb, finster. Der südliche Wald, das Gebiet um den Dreisesselfelsen im Dreiländereck Bayern-Tschechien-Österreich, ist Adalbert-Stifter-Land, einsam, verwegen, Kerngebiet eines der großen epischen Werke der Weltliteratur. »Wenn ich irgendwo völlig genese«, schrieb Stifter, »so ist es dort…«

Vermeintlich voller Bodenschätze, wurde im Wald zu allen Zeiten nach Alaun, Graphit, Schwefelkies und sogar nach Silber gegraben, nach dem Zweiten Weltkrieg gar nach Uran. Allein, es fehlte die bergmännische Erfahrung, die Vorkommen waren jeweils zu gering. Das älteste Bergwerk des Waldgebirges wurde bis ins 20. Jahrhundert befahren. Heute erinnert noch sein Name an diese Zeit, der Silberberg von Bodenmais ist eine Attraktion geblieben. Seit 650 Jahren wird im Bayerischen Wald Glas hergestellt. Die Hütten waren klein, und sobald der umliegende Holzbestand verbraucht war, zog man weiter. Produziert wurden Perlen, Butzenscheiben und Trinkgläser, bald unter dem Begriff »Waldglas« bekannt. Pferdefuhrwerke brachten die Ware in Städte wie Passau, aber auch nach Wien und Warschau. Aus den kleinen Hütten sind längst Fabriken geworden, die bekannteste davon gehört dem Schott-Konzern in Zwiesel. Sie produzieren jetzt vollautomatisch und in Massenproduktion. Aber auch das Blasen von Glas mit dem Mund, die ursprüngliche Kunst des Glasmachens, kann in den Werken wieder beobachtet werden.

Die größte Attraktion der Region, der Nationalpark unmittelbar an der Grenze, wurde 1970 eingerichtet. Die Hälfte des 13 082 Hektar großen Gebietes bleibt gänzlich ungenutzt und der natürlichen Entwicklung überlassen. Selbst Sturmschäden werden nicht mehr aufgearbeitet, Wild wird nicht mehr bejagt. Wirr liegen Baumriesen und Felsen herum, überwuchert von Farnen und grauen und gelben Flechten. In Tiergehegen leben Wisentherden, Luchse, Wölfe und Braunbären, insgesamt 32 Arten. In waldgeschichtlichen Wandergebieten, etwa bei Finsterau, kann man Anlagen der früheren Holztrift sehen. Fast zwei Millionen Menschen kommen jährlich hierher, der Besucherstrom wird deshalb auf bestimmte Bahnen gelenkt und in eine Gehege-, Wander- und Reservatzone eingeteilt. Der Unterhalt kostet den Freistaat Bayern jährlich 6 Millionen Mark.

Historisch nachgewiesen als erste Siedler des Bayerischen Waldes sind Kelten und Markomannen, auch wenn Funde auf eine Besiedlung bereits in der Stein- und Bronzezeit hindeuten. Im 5. Jahrhundert drangen slawische Stämme über das Gebirge vor, im 6. Jahrhundert wurden sie von den aus Böhmen kommenden Bajuwaren wieder zurückgedrängt. Rodung und Erschließung begannen vor der Jahrtausendwende über Klöster, eingerichtet vom Herzogsgeschlecht der Agilolfinger. St. Emmeram zu Regensburg kümmerte sich um den nördlichen Teil des Waldes, die Klöster Niederaltaich und Metten missionierten in der Mitte, und die Passauer Kirchenführer nannten das untere Gebiet ihr eigen. Das »Hochstift« gehörte nicht zu Bayern, denn das Fürstbistum Passau war quasi ein eigener Staat. Die Burgen entlang der Ilz dienten als Grenzwacht und dem Schutz der Handelswege — 800 Jahre lang, bis 1803 die fürstbischöflich-passauische Herrschaft aufgelöst wurde. Eine zweite Welle der Kolonisierung im 13. Jahrhundert wurde von den Wittelsbachern vorangetrieben. Bis dahin blieb der hintere Wald nahezu unberührt, durchschnitten nur vom Goldenen Steig, dem großen Handelsweg von Passau über Prachatitz nach

Prag. Im abgelegenen Dreisesselgebiet erfolgte die Besiedelung gar erst Anfang des 19. Jahrhunderts, so spät, daß das Land rund um Breitenberg noch heute die »Neue Welt« heißt. Auf ihre Rodungsgeschichte deuten die Ortsnamen, die mit -ried, -reuth, -schlag und -mais enden, die Vorsilben bezeichnen gleich den Auftraggeber, so bei Firmiansreut, Bischofsreut, Abtschlag. Ortsnamen mit der Endung -hütte sind Glasmachersiedlungen. Die Städte an der Donau sind dagegen keltischen und römischen Ursprungs, die Ortsnamen mit der Endsilbe »-ing« vornehmlich in der Donauebene gelten als bajuwarische Gründung.

Die Waldler (»Waitler«) sind echte Bajuwaren, »ächt« wie die verschnittene Schnupftabakmischung, die sie produzieren. Ihre Vorfahren kamen aus dem Böhmerwald, um das Land zwischen Fichtelgebirge und Alpen zu besiedeln. Sie haben sich dabei kräftig gemischt. Mit Kelten, die vor ihnen da waren, und Römern, die am Limes entlang ihre Kastelle bauten. Mit marodierenden Söldnern aus dem 30jährigen Krieg, mit den Truppen Napoleons, zuletzt mit Flüchtlingen vor allem aus Böhmen, die nach 1945 hier hängengeblieben sind. Manche behaupten, daß Niederbayern im allgemeinen und die Waitler im besonderen einem verwegenen niederen Adel nachschlagen, halb Bauern, halb Raubritter, hochfahrend, egozentrisch und rauferisch. Jedenfalls: Ein gewisses Grantlhubertum, eine Grobschlächtigkeit im Leben wie im Feiern ist dem Waldler nicht abzusprechen. Er ist wenig redselig und beredt,

stur bis hart, aber auch nicht ungastlich. Dumm sind die Leute ohnehin nicht, die Bildungsreserve Bayerns kommt ganz speziell aus dem Bayerischen Wald. Das Wesen der Waldler, ihre Lebensart, bestimmte der harte Daseinskampf. In dieser Abgeschiedenheit und Kargheit brachte das Leben mehr Sorge und Not denn Glück und Wohlergehen. Bis in die Mitte des 20. Jahrhunderts war es vor allem der Winter, der den Bayerischen Wald zum Elendsgebiet und Armenhaus machte. In den Hochlagen waren unzählige Dörfer abgeschnitten von der Außenwelt. Immer wieder mußten die Menschen auswandern, gingen von hier in die großen Städte, bis nach Amerika. Beredte Beispiele dafür sind verlassene Dörfer wie Leopoldsreut und Schwendreut zwischen Freyung und Philippsreut. Über die Waldler schrieb der Reisende Karl Julius Weber 1828: »so wild wie ihre Wälder, wild wie Kalabresen, Sardiner und Korsen«. In den Briefen eines Reisenden über das Hochstift Passau heißt es 1796: »Die Einwohner von Kreutzberg im Pfleggericht Wolfstein (bei Freyung, d. Red.) sind wild, grob, unverträglich. Sie leiden beinahe keinen Fremden unter sich, und wer ihren Zorn gereizt hat, der darf sich versprechen, daß er die Schärfe ihrer Zunge, oder die Stärke ihrer Faust tüchtig empfinden werde…« Verschlossene Leute lernte man hier kennen mit Sympathie für jene, die sich gegen die Ungunst der Verhältnisse auflehnten und abenteuernd der Obrigkeit widerstanden: Wildschützen, Räuber und Schmuggler, »Schwärzer« genannt. Das hat sich bis in unsere Zeit nicht geändert. Spielen, Saufen, Aberglaube und Fremdenfeindlichkeit waren die Attribute, die zu Begriffen wie »Bayerisch-Sibirien« oder gar »Bayerisch-Balkan« führten. Gelegentlich mag man an diesen krassen Befund noch erinnert werden, aus ihrer Randlage aber ist die Region herausgetreten. Obendrein hat die Moderne die Kulturen nivelliert.

Volksfrömmigkeit und heidnischer Aberglaube schufen ein breites Werk überlieferten Brauchtums — vom christlichen Emmausgang bis zu den Umtrieben der heidnischen Rauhnächte — aus Sagen, Geschichten und Legenden und einem Prophezeiungsmythos, der in Deutschland seinesgleichen sucht. Immer schon war der Bayerische Wald ein gelobtes Land der Seher, eine Urheimat für Sonderlinge, Weltscheue, Rutengänger und Menschen mit dem zweiten Gesicht. Gewachsen, gelebt und überliefert waren die mystischen Geschichten um Wunderdinge und Unheilskunden Kulturgut des Volkes geworden. Wer die Reime aufzusagen wußte, hatte gewiß die Zuhörer auf seiner Seite, und mehr als nur ein Quentchen Wahrheit beinhalteten sie allemal. Es war eine Mischung aus Warnen und Drohen, Belehren und Unterhalten. Dahinter steckte ein treuherziger Glaube an eine nicht faßbare höhere Macht, die heimliche Scheu vor der Waldnatur, mit der sich der Waldbewohner schicksalshaft verbunden fühlte.

Das Jahr war unterteilt durch verschiedenste Feste und Prozessionen, angereichert mit Hochzeit, Taufe, Beerdigung. Getanzt wurde leidenschaftlich. Und als es noch keine Fernseher gab, kam man in den Stuben zusammen zu »Rockaroas« oder »Sitzweil«, zum Spinnen und Federnschleißen. Früher war es auch noch üblich, daß die Leiche mit Musik in den Friedhof »hineingeblasen« wurde. Es gab eine »Ari«, eine besondere besinnliche Melodie mit Jodlersilben. Jedes Tal, manchmal sogar ein einzelner Ort oder ein Bauernhof, besaß seine eigene Ari. Heute kann zwar keiner mehr in Gasthäusern spontane Stegreifgesänge oder den typischen vierstimmigen Gesang vernehmen. Vielfach hielt resopale Gastlichkeit Einzug, mit einem merkwürdigen Bayerwald-Barock aus »rustikalen«, grobschlächtigen Möbeln. Erhalten aber sind eigenwillige Riten wie Pfingstvögelsingen, Ratschen, Palmbuschenanbringen. Die Volksmusik kennt noch eigenartige Tänze und Schuhplattler. Das Brauchtum lebt, nur etwas anders. So weltfern wie früher ist das Land im Zeitalter von Satellitenschüsseln und Massentourismus natürlich längst nicht mehr. Die Anziehungskraft für den Urlauber ist damit nicht gemindert. Erst recht nicht, seit sich von hier aus über die offenen Grenzen die Landschaften und Orte des Böhmerwaldes und auch die Stadt Prag erreichen lassen.

»Mir san vom Woid dahoam«, heißt es im Refrain des Waldlerliedes, »der Woid is schö'«. So ist es. Am schönsten ist er übrigens im Herbst, wenn die Buchen rot leuchten und die Ahornbäume kräftig aus dem Fichtenwald herausstechen, wie ein Feuerwerk.

Geschichtstabelle

Um 500 v. Chr.
Einwanderung der Kelten, erste stadtähnliche Siedlungen Regensburg, Straubing, Passau

Um 15 n. Chr.
Donau und Limes werden Nordgrenze des Imperium Romanum

4./5. Jh. n. Chr.
Zerfall der Römerherrschaft, Christianisierung, erster Bischof in Passau. Bajuwaren besiedeln die Donauebene, Stammesherzogtum der Agilolfinger

8. Jh.
Kolonisierung des Bayerischen Waldes durch Benediktinerklöster in Metten und Niederalteich

907–955
Ungarneinfälle, Schlacht auf dem Lechfeld

12./13. Jh.
Gründung von Märkten wie Cham, Kötzting, Freyung; Salzhandel über den »Goldenen Steig«

1353
Teilung Niederbayerns, 1508 Wiedervereinigung Bayerns

17. Jh.
Der 30jährige Krieg verwüstet auch Niederbayern. 1683 sammelt Prinz Eugen ein Heer in Passau und schlägt die Türken, die bis Wien vorgedrungen sind

18. Jh.
Spanischer, österreichischer, dann bayerischer Erbfolgekrieg. Ober- und niederbayerische Bauern verlieren den Aufstand gegen die Österreicher, das Innviertel wird österreichisch

1803
Säkularisation. Der bayerische Staat kassiert alle Klöster und das Hochstift Passau

1806
Bayern wird Königreich und kämpft neben Napoleon gegen Österreich. 1808 Aufhebung der Leibeigenschaft

1866
Deutscher Krieg, Bayern an der Seite Österreichs gegen Preußen

1870–71
Deutsch-französischer Krieg, Bayern tritt dem Deutschen Reich bei

1918
Absetzung König Ludwigs III., Ausrufung des republikanischen Freistaats Bayern

1939–1945
Im Zweiten Weltkrieg werden auch Städte Niederbayerns umkämpft, der Bayerische Wald wird amerikanische Besatzungszone; großer Flüchtlingsstrom aus Böhmen

1978
Eröffnung der Uni Passau

1991
Nach Zerfall des kommunistischen Ostblocks Öffnung der Grenzen zur Tschechischen Republik

1997
Die 250 km lange »Glasstraße« wird eröffnet

11

Von Baukunst bis Wirtschaft

Ein kleines Brevier für Besonderheiten des Bayerischen Waldes: von Trutzgesängen und Glasbläsern

Baukunst

Kleine Dörfer, Weiler und Einödhöfe bestimmten früher das Siedlungsbild der Region. Das alte Waldlerhaus steht heute in eindrucksvollen Museumsdörfern (z.B. bei Tittling und Finsterau). Es war aus dem Material seiner Heimat, aus Holz und Stein, und landschaftsgerecht gebaut, durch einfache und anmutige Proportionen. Die ältesten Zeugen ihrer Zeit wurden über 300 Jahre alt. Sie wichen den Häusern im Allerweltsstil, früher dem nackten Stil der 60er Jahre, heute dem Modell »Landhaus rustikal, Typ Oberbayern mit Erker«. Für so manche Verschandelung entschädigen indes die vielen noch immer sehr ansehnlichen Dorfensembles und prächtigen Kirchen und Kapellen.

Brauchtum

Vieles gibt's nur hier: die Ratschenbuben zum Beispiel, die in der glockenklangfreien Oster-

Romantischer Ausflug auf Hufen und Kufen in den winterlichen Bayerwald

zeit mit einem Klapperinstrument aus Holz von Haus zu Haus ziehen. Die Pfingstvögel, die sich am Pfingstmontag mit Wasser beschütten lassen. Die wilden Gestalten in den Rauhnächten. Die vielen religionsbestimmten Traditionen wie den Emmausgang oder den Brauch, am Palmsonntag geweihte Palmwedel auf die Felder zu tragen.

Der Bayerische Wald ist seit jeher ein Dorado der Volkssänger und Musikanten. Die »Tanzmusi« spielte mit Geigen, Klarinetten, Zimbal und Baß gerne auf, wo sich irgendwie Anlaß bot. Berühmt-berüchtigt: die Reiz- und Trutzgesänge, die gerne in vierzeilige Schnadahüpfl oder Gstanzl gekleidet wurden und den so Besungenen nicht selten derart reizten, daß eine schöne Rauferei daraus entstand. Vielfach ist »Folklore« an die Stelle ursprünglicher Volksmusik getreten. Sie zeichnet sich durch eintönige Potpourris ausgeleierter, hohler Phrasen aus und hat nichts gemein mit Bedeutung, Kraft und Reichtum früherer Volksmusik, die aus dem Jahres- und Lebenslauf des Waldlers entstanden ist. Gelegentlich aber werden alte Texte und Weisen wieder ausgegraben — mit urtümlichen Polkas und Drehern und vielfältigen Landlern, von den Schuhplattlern gar nicht zu reden.

Dialekt

Das Bairische in all seinen Ausprägungen ist keine abgewandelte oder minderwertige Hochsprache, sondern ein eigenständiger Sprachorganismus. Am lebendigsten ist er noch in der Provinz, auch wenn Ursprünglichkeit und Sprachreichtum eingeebnet werden.

Der Bayerische Wald, besonders der untere, hat sich seine Sonderform und seine Nuancen bewahrt. Auffallend sind die doppelte Verneinung (»Er hat mir nie nix gesagt«), die Doppelvokale wie »Bua« bei Bube, die Anredeform »es« (habts es = habt ihr) und »enk« (euch), die vielen Ois (Soifa statt Seife) und uas (Muata = Mutter) und ias (Briaf). »Mäscha« bedeutet Mädchen, »s' Mensch« ist das Kind. »Mo ma du« heißt »Mann mäh du (Gras)«. Und wenn jemand I-ah sagt, ist das kein Esel, sondern ein Waldler, der »Ja« meint.

Dichter

Der Donauraum ist Kulturraum, der Bayerische Wald eine Quelle für kräftige Naturen, auch in der Literatur. Dafür stehen Lyriker wie Georg Britting, Dramatiker wie Heinrich Lautensack (dessen »Pfarrhauskomödie« über Religion und Sex in Hauzenberg spielt), weiche Urgesteine wie Emerenz Meier (»Mein Wald — mein Leben«), Heimatpoeten wie Maximilian Schmidt, Ärztedichter wie Hans Carossa (auch er vom Wald beeinflußt) und Neuerer wie der Passauer Kabarettist Sigi Zimmerschied. Paul Friedl, genannt Baumsteftenlenz, ist der Karl May des Bayerwaldes, ein unermüdlicher Volksschriftsteller, Mundartdichter, Sammler von Geschichten, Legenden. Er veröffentlichte 30 Romane und 200 Kurzgeschichten. Die Welt der Waldler stellte in holzschnittartiger, kultischer Szenerie der Maler Joseph Fruth dar. Der Heimatdichter Max Matheis zeichnete in netten Erzählungen altbayerische Charaktere. Franz Schrönghamer-Heimdal war Anhänger des Kultisch-Germanischen, erzählte von Sitten und Gebräuchen des Waldes. Der Urahn aber, der den Bayeri-

Bayerischer Poker

Watten (nicht »wat-denn«, auch nicht »wetten«, sondern »watten«) ist nicht nur ein bayerisches, sondern ein urbayerisches Kartenspiel und daher selbstredend im Bayerischen Wald von alters her beheimatet. Es bleibt dem Fremden meist verschlossen — ein Proletarierspiel, ein bayerischer Poker (manche vergleichen es gar mit dem Cricket der Engländer) — und ist neben dem Schafkopf das beliebteste Spiel in Wirtshausrunden. Die vier Spieler am Tisch lassen sich nicht gerne in die Karten schauen, erst recht nicht, wenn sie die Haupttrümpfe in der Hand halten, die drei »Kritischen«: den Max, den Belli (oder Welli) und den Bsoicht.

schen Wald mit Werken wie »Hochwald« und »Wittiko« in die Weltliteratur brachte, ist Adalbert Stifter.

Fauna

Der Wald galt immer als besonders wild- und wildartenreich, unter der Umweltverschmutzung indes litten die Tiere nicht weniger als der Mensch. Etliche Arten sind ausgestorben oder zumindest dezimiert, einige wurden im Nationalpark wieder heimisch gemacht, wie etwa Luchs und Fischotter. In den dichten Wäldern leben Hirsch, Rehwild, Fuchs, Dachs, Iltis, Wiesel und Marder, auch Wildschweine werden wieder gesichtet. Raubvögel wie Sperber, Habicht und Bussard finden noch Lebensraum, in den Flüssen schwimmen Forellen, Äschen, Schleie, seltener Hechte.

Flora

Aus den tschechischen Kohlerevieren drangen jahrzehntelang Giftwolken über die Grenzen, viele Bäche und Seen im Bayerischen Wald gelten daher als übersäuert, das Baumsterben herrscht auch im Bayerwald. Andererseits gibt es nur wenige Gebiete in Deutschland, deren Luft so sauber ist; Berghöhen wie etwa der Brotjacklriegl gelten gar als absolut staubfrei. Fast die Hälfte der Region wird von Wald bedeckt, vorwiegend von Fichten, Tannen, Buchen und Birken. Echte Urwaldgebiete gibt es am Großen Falkenstein und um Rachel und Arber. Hier ist eine einzigartige Flora vorzufinden, mit arktischen Beerenpflanzen, Sumpfbirken und Legföhren. Der Kleine Arbersee hat

So wird Wasserkraft heute nur noch selten genutzt: Mühle bei Schönanger

schwimmende Inseln und eine vielfältige Sumpfflora. Unterhalb der steilen Seewand wachsen Enzian und Bärwurz. An den Ufern der Hochmoore findet man Wollgras und Binsen, Torfmoose und den Sumpfbärlapp. Schönste Hochmoorgebiete: Zwieselter Filz und Föhrauer Filz bei Spiegelau, Schluttergasse bei Buchenau, Großer Filz östlich von Riedlhütte. Die Früchte des Waldes sind Heidelbeeren und Preiselbeeren. Und auch viele Pilze sind genießbar.

Glas

Die ersten Glasmacherbetriebe waren Wanderhütten. Sie zogen immer dann weiter, wenn sie den Wald um sich herum für ihre Schmelzöfen abgeholzt hatten. Die Glasmacher waren, neben den Salzsäumern, die Pioniere bei der Besiedlung des hinteren Waldes. Im Grafenauer Land hat sich die einst von 24 Hütten betriebene Glasbläserei nur noch in Spiegelau und Riedlhütte erhalten, in und um Zwiesel gibt es eine Anzahl sehenswerter, bedeutender Kristallglasfabriken und Kleinbetriebe. Einen besonderen Rang hat die volkstümliche Hinterglasmalerei (»gemalte Volkslieder«), sie ist Zeugnis echter Volkskunst, beeindruckend durch Klarheit der Farben, Leuchten des Glases. Heute werden allein in Raimundsreut im Jahr bis zu 40 000 Hinterglasbilder hergestellt. Moderne Hütten wie die Schott-Werke produzieren Gebrauchsgläser mit der höchsten Stückzahl in Europa. 1997 wurde die Glasstraße eröffnet, eine 250 km lange Themenstraße, die von Neustadt an der Waldnaab (in der Oberpfalz) bis nach Passau führt. Hier kann man in vielen Orten die Kunst des Glasmachens erleben.

Pfahl

Die Eiszeiten schufen Seen wie am Rachel und Arber, eine riesige Erdspalte entließ aus dem Erdinneren Wasser und Quarz, den Pfahl. Die 120 Kilometer lange Quarzrippe nennen die Einheimischen »Teufelsmauer«, sie ist eine geologische Rarität. Ihre Quarzvorkommen lockten die Glasmacher in den tiefsten Wald. Ein unterirdischer See bei Rabenstein, ein großer Quarzbruch, den die Wasserüberflutung stillegte, erinnert daran. Der Quarzgang der Pfahl ragt an einigen Stellen (besonders in Weißenstein und Viechtach) in Form weißer, stark verwitterter Felsen weit über die Erdoberfläche heraus. Verläuft er unterirdisch, wachsen auf seinem Rücken Wacholder und Kiefer, Birken und Spirken, eine Variante der Bergkiefer.

Schnupftabak

Tabakschnupfen ist keine Erfindung aus dem Wald, aber es wird hier seit 150 Jahren kultiviert. Aus eigenen Rezepten entstanden über die Zeit der aromatische schwarze »Schmai«, der »Waldler Schmalzler« oder auch »Ächter Brasil« genannt, weil der Rohstoff aus Südamerika kommt. Um die Jahrhundertwende gab es im Bayerischen Wald noch sieben bedeutende Schnupftabakfabriken, die den Exportschlager in alle Welt verschickten. Eine davon ist übriggeblieben, in Perlesreuth. Schnupftabakgläser aber sind noch immer beliebte Sammlerstücke und Souvenirs; und die alten, hagelbuchenen Waldler, die die Kunst des Schnupfens beherrschen und in einer fast kultischen Handlung eine »Pris« genießen, sind eine gerngesehene Attraktion.

Totenbretter

Sie sind eine uralte Eigenart des Bayerischen Waldes, Marterln ähnlich und doch anders. Totenbretter standen unter einer Baumgruppe in freier Landschaft, auch als Spalier am Wegesrand, an der Wand eines Kirchleins. Auf diesen Brettern lagen die Toten vor der Bestattung zu Hause aufgebahrt. Nach der Beerdigung wurden die Bretter noch bemalt, mit Namen und Sprüchen versehen und häufig sogar mit einem kleinen Schutzdach ausgestattet. Nicht selten stellte man die Bretter am Lieblingsplatz des Verstorbenen auf, ihre Inschriften zeugen gelegentlich von unfreiwilliger Komik, ironischem Witz oder von der derben Heiterkeit der Über-

Totenbretter am Wegesrand, häufig mit Sprüchen über die Verstorbenen, sind eine Besonderheit des hinteren Bayerischen Waldes

lebenden: »Sie starb, als sie 15 Jahr und schon zu gebrauchen war«, heißt es auf einem Brett, oder: »Hier ruht die Barbara Gschwendtner/Sie wog mehr als zwei Zentner./ Gott geb' ihr in der Ewigkeit/ Nach ihrem Gewicht die Seligkeit«.

Wirtschaft

Die Grenzlandhilfe hat viel Geld in die Region gepumpt und die Ansiedlung von Betrieben erleichtert. In der Holzverarbeitung und Glasproduktion gibt es größere Fabriken; wirklich große Industriestandorte sind gleichwohl nicht entstanden. Das Pendeln zu weit entfernten Arbeitsplätzen nach Dingolfing oder München gehört heute noch genauso zum Berufsalltag wie im Winter das »Stempeln«, die Arbeitslosigkeit. Traditionell wird im Unteren Wald Granit abgebaut, der urtümlichste Rohstoff des Waldes. In Kropfmühl bei Hauzenberg steht Europas einziges Graphitbergwerk. Prägend aber für die Wirtschaft des Bayerischen Waldes sind noch immer Handwerk und Landwirtschaft (Anteil an den Erwerbstätigen 20 Prozent) — und zunehmend der Fremdenverkehr, der im Bayerischen Wald die höchsten Zuwachsraten Bayerns hält.

Das Äquivalent zum Baumsterben ist das Bauernhofsterben. Die Höfe waren hier nie groß, der Boden eher karg. Zwei Drittel aller Anwesen sind Nebenerwerbsbetriebe, das heißt für den Bauern: frühmorgens in die Fabrik, abends in den Stall. Der landwirtschaftliche Kleinbetrieb schuf und prägte die Landschaft, er ist unrentabel geworden und geht kaputt. Viele der rund 20000 Höfe im Bayerischen Wald finden keine Erben mehr. Das langsame Ende der traditionellen, kleinbürgerlichen Betriebe und ihrer Zulieferer birgt für die Wirtschaft, ja für die gesamte Kultur der Region bedeutende Veränderungen.

Von Knödeln und Brotsuppen

Das Armeleuteessen von gestern hat sich zur Spezialitätenküche gemausert — und schmeckt heute nach Kraft und Gesundheit

Die bayerische Küche war immer stark regional geprägt, an den Speisen konnte man früher ablesen, ob die Gegend wohlhabend war oder nicht. Im reichen Rottal wurde üppig gekocht, im Wald dagegen war Schmalhans Küchenmeister. Neuerdings erfährt die Region eine kulinarische Aufwertung: Bauern legen wieder Wert auf Qualitätsprodukte wie »Chamer Ochs« und Bio-Obst, Köche entdecken alte Rezepte, und Wirte richten sich auf Feinschmecker ein.

Die alten Wirtshäuser waren derb, die Bedienungen grob, die Speisekarten armselig. Man aß zu Hause. Leibgericht der Waldler: Schweinebraten mit Kartoffelknödel und Sauerkraut. Mit zunehmendem Wohlstand wurden die Gerichte nur deftiger, die Speisen fetter. Es galt: Ein Bayer ohne Bauch ist ein Krüppel. Als besonders gut waren lange Zeit nur Gasthäuser angesehen, die die größten Portionen auf den Tisch stellen. Zur Verdauung bestellt man sich dann ein »Stamperl«, ein Gläschen Bärwurzschnaps, angesetzt mit einer Wurzel, die nur auf Arber und Rachel, den höchsten Bergen des Waldgebirges, wächst.

Die Eßkultur der Region, später beeinflußt von böhmischer und österreichischer Küche, entstammt der Armut. Die Menschen waren angehalten, von dem zu leben, was sie selbst erwirtschaften konnten. So entstand eine einfache Bauernkost, vornehmlich mit Mehlspeisen. Den Kochzettel bestimmten Krautfaß, Erdäpfelkeller, Mehltruhe und Schmalztopf. Typische Gerichte von damals: Schmalznudel, Apfelstrudel, Reiberdatschi (Kartoffelpuffer), Riwanzerl (Kartoffelpfannenspeise), Bauernsterz (Bauernfrühstück), Kartoffelschmarren. Dann: die Brotsuppe (sie mausert sich gerade vom Armeleuteessen zur Delikatesse), die »kalte Suppe«, ein Gemisch aus saurer und frischer Milch. Man kannte selbstangesetzten Wein aus Wald-

Bei schönem Wetter decken viele Cafés draußen die Tische, wie hier auf dem Regensburger Haidplatz

früchten, perlenden Sekt aus den Holunderblüten. Früher wurde einmal pro Woche selbst Brot gebacken (in eigens dafür gebauten, externen Backöfen) und natürlich Milch gebuttert.

Diese eher bescheidene Küche beeinträchtigte die Gesundheit nicht, im Gegenteil. »Zum Essen braucht man Appetit«, hieß eine alte Weisheit, »sonst macht der Körper nicht mehr mit.« Appetit hatten sie von der Arbeit, und daß die Kost nicht zu fett, nicht zu üppig und schwer war, dafür sorgte schon die magere Haushaltskasse. Mehr als dreimal in der Woche Fleisch und Wurst zu essen galt ohnehin als gesundheitsschädlich, von Mehl- und Kartoffelkost allerdings nahm man an, daß auch der tägliche Genuß nicht schaden könne. Von Vitaminen wußten die Alten noch nichts, aber ein Gesundbleiben ohne (das vitaminhaltige) Sauerkraut war nicht vorstellbar. Dem jungen Löwenzahn, Feldsalat und Brunnenkresse, die zum Kartoffelsalat gemengt wurden, schrieb man gesundsheitsförderliche Dienste zu. Weißes Brot war fremd, das dunkle Brot, wußte man, konnte die Verdauungsorgane kräftig und gesund halten.

Großmutters Küche erlebt heute eine gewisse Wiederbelebung. Sie kannte die Fingernudeln — und den Knödel in vielfältigen Formen: als Kartoffel-, Semmel- oder Grießknödel zu Fleischgerichten, als Leberknödel und Griesnockerl in die Suppe, als Hefeknödel zu Kompott, Vanille- und Buttersoße.

Hausschlachtungen gibt es immer noch. Dann kommen frische Blut- und Leberwürste und delikates Kesselfleisch auf den Tisch. Die Fleischschnitzel werden für ein paar Wochen in die Räucherkammer gehängt. Das selten gewordene echte Bauerngeräucherte gehört dann zur Brotzeit wie der rote und der weiße Preßsack (Sülzwurst aus Kalb- und Schweinefleisch). Apropos Brotzeit: An heißen Tagen sollte man im Biergarten nach Wurstsalat und Sülze verlangen oder natürlich nach einem frischen »Radi« (Rettich) mit Butterbrot.

Kaum einer kann sich heute vorstellen, daß einst an den Donauhängen Niederbayerns Weinbau betrieben und der Wein bis über die Alpen gehandelt wurde. Die Römer hatten die Reben eingeführt, aber durch die Klimaveränderung im 15. Jahrhundert wurde der Niederbayern-Wein immer saurer und teurer. Seit 400 Jahren gibt es bayerisches Bier, aber erst in unserer Zeit gehört ein ordentlicher Vorrat davon wie selbstverständlich zum Haushalt. Den Durst stillten die Bauern bei der Feldarbeit mit Wasser oder Most. Bier gab's nur beim Wirt, und da mußte man dann oft ganz schön lang sitzen und ganz schön viel trinken, damit sich der Gang auch wirklich rentiere (daß dann mancher Steinbrucharbeiter beim Zahltag auch den Lohn und mancher Bauer den halben Hof versoff, ist eine andere Geschichte). Von der Menge früherer Landbrauereien sind freilich nicht so viele übriggeblieben, das Hopfengebräu aber ist gut wie eh und je, dank Brautradition und Reinheitsgebot.

Spezialitäten der Gegend: das Lüngerl (in Österreich Beuscherl), ein saures Gericht aus Innereien; Bratwurstgröstl; Bauerngeräuchertes; Wildbret mit Preiselbeeren oder Schwammerlgerichte. Fische serviert man gebraten oder im Wurzelsud. Der Pichelsteiner Eintopf wurde am Büchelstein bei Grattersdorf erfunden. Aus Regensburg kommen die »Regensburger«, kurze, dicke Fleischwürste (berühmt auch: Bratwürste aus der Historischen Wurstkuchel). Im Freilichtmuseum Finsterau werden an Festtagen Brot und Krapfen gebacken.

Zum Nachtisch ißt man heute, was in der ärmeren Zeit oft schon die Hauptspeise war: Dampfnudeln in Vanillesoße, Hollerkücherl (in Teig herausgebackene Holunderblüten), Apfelstrudel oder Topfenstrudel. »Ausgezogene« sind übrigens keine Nackten und ihre Herstellung kein Striptease. Es sind niederbayerische Krapfen, die keine Kugelform haben, sondern aussehen wie ein Ufo mit einem wulstigen Rand. Der Teig wird auseinandergezogen und dann in heißem Fett herausgebacken.

Zwischenimbiß auf dem Gäubodenfest in Straubing

Glaskelche und Lederhosen

Ursprüngliches zu finden, dazu braucht es Spürsinn

Die Einkaufsmöglichkeiten im Bayerischen Wald sind generell nicht sehr großartig, auch wenn sich inzwischen Orte wie Waldkirchen zu Konsumzentren gemausert haben. Ortsansässige Geschäfte und Betriebe wurden verdrängt. Die Waren sind austauschbar geworden. Echt sind Handwebstoffe und Flickenteppiche aus dem Wegscheider Land. In der »Neuen Welt«, so genannt wegen ihrer späten Besiedlung, wurde früher Flachsanbau betrieben, und in vielen Bauernhöfen standen Spinnrad und Webstuhl. Die alten Webstühle wurden in den letzten Jahren reaktiviert, und schon das Zuschauen bei der kunstvollen, umständlichen Arbeit ist ein Erlebnis. Aus Schönberg bei Grafenau kommen berühmte Lederhosen, kurze oder lange, in Hirsch- oder Rindleder, mit und ohne Stickerei, wobei die kurze Lederhose eigentlich eine oberbayerische Erfindung ist und von Traditio-

nalisten in jüngster Zeit vehement bekämpft wird. Der Kauf ab Werk ist natürlich günstiger. In Bodenmais, Miltach, Leckern bei Kötzting, Lalling und Zwiesel haben sich Holzbildhauereien und Töpfereien mit sehenswerten Ergebnissen etabliert; Wachskunst kaufen kann man besonders in Habischried und Bodenmais. Das »Niederbayerische Wachskammerl« in Freyung bietet für wenig Geld auch Wachskurse für Erwachsene und Kinder an. Hier lernt man z.B. Wachsgießen von Heiligenfiguren.

Empfehlenswerte Mitbringsel sind die Früchte des Waldes und die daraus gemischten Konfitüren mit Heidelbeeren oder Brombeeren, der wirklich echte Waldhonig, getrocknete Pilze und besonders die Preiselbeeren, die in den Höhenlagen des Arber und Rachel gefunden werden. Ein originelles Andenken aus Bayern ist der Wolpertinger, eine Fabeltiermischung aus verschiedenen Tierpräparaten, z.B. ein Maulwurfskopf mit Fuchskörper. Echte Wolpertinger sind sehr teuer, aber auch schon un-

Als Souvenir aus dem Bayerischen Wald beliebt: buntverzierte, mundgeblasene Schnupftabakgläser

Bayerwald–Schmalzler (Schnupftabak), ein typisches Mitbringsel aus dem Bayerwald: erfahrene Schnupfer auf dem Schmalzlerfest in Perlesreut

ter 200 Mark zu haben. Wer einen »ächten« Schnupftabak braucht, kriegt ihn natürlich auch hier, den berühmten Bayerwald-Schmalzler aus Perlesreut. In dem kleinen Ort übrigens werden in feiner Handarbeit auch noch Zigarren und Zigarillos gerollt.

Glas

Glas ist das typische Erzeugnis des hinteren Waldes, die Tradition der alten »Waldhütten« reicht zurück bis ins Mittelalter. Man findet in den Glashüttengemeinden schöne Unikate. Es gibt mundgeblasene Gläser und Vasen, auf unterschiedliche Weise buntverzierte Schnupftabakflaschen bis hin zu Rosenkränzen aus Glas. Die im bayerischen Wald in etlichen Orten berühmte Hinterglasmalerei mit

meist religiösen Motiven wurde früher häufig in Heimarbeit hergestellt, heute widmen sich Glasmalstudios (etwa in Freyung) dieser Arbeit, die häufig auch Malkurse für Gäste anbieten.

»Glas in Vollendung« zeigt die *Galerie Herrmann* in Drachselsried bei Bodenmais, die sich rühmt, »Europas bedeutendste Glasausstellung« eingerichtet zu haben *(tgl. 9–12 Uhr, auch feiertags)*. Ein Markenzeichen für Glas aus dem Bayerischen Wald ist das Werk von *Erwin Eisch* in Frauenau, bekannt für Handwerkskunst in seiner ursprünglichen Form. Eisch-Gläser sind Stück für Stück mundgeblasen und zeichnen sich durch ihre poetische Formgebung aus.

Vorteilhaft ist der Werkseinkauf in den Manufakturen in Spiegelau und Zwiesel. Das Angebot reicht vom edlen Bleikristall bis zum einfachen Gebrauchsglas.

Wochenmärkte und Holzmärkte

Die Märkte und speziell die Bauernmärkte, die nun wieder vermehrt abgehalten werden (meist freitags), bieten gute, interessante und schöne Erzeugnisse des Waldes. Hier kann man sich mit Lebensmitteln versorgen oder auch dekorative Holzartikel wie Körbe und mit Blumen und ornamentalen Mustern reich verzierte Löffel erwerben. Viele der Angebote aus der Landwirtschaft, ob Eier, Kräuter, Fleisch, Geflügel und Obst und Gemüse, waren schon immer »Bio«, nur kannte man dieses Qualitätszeichen früher noch nicht. Das »echte niederbayerische Bauerngeräucherte« ist allerdings schon lange ein Markenartikel und bis in die Landeshauptstadt München gefragt. Generell haben die Fleisch- und Wurstwaren aus der Gegend, die prallen Knacker, die Sülzen, der Preßsack und die langen Hartwürste einen guten Ruf. Die Rinder und Schafe finden auf den Weiden eben optimale Bedingungen vor.

Eß- und Trinkbares

Immer mehr Bauern verkaufen ihre Produkte wieder direkt ab Hof, ob Brot oder Eier, Honig oder das traditionelle Bauerngeräucherte (besser als in der Metzgerei). Andere haben sich zu biologischen Erzeugerverbänden zusammengeschlossen. Eine neu-alte kulinarische Spezialität ist »Chamer Ochs« (zartes Fleisch, ohne Hilfsmittel gemästet) oder das »Chamland Beef« (wildartiges, junges Fleisch von Weidetieren). Die »Hundinger Goldbergbauern« im Lallinger Winkel verkaufen Äpfel aus Streuobstwiesen — garantiert ohne Kunstdünger —, und in St. Engelmar haben sich Gast- und Landwirte auf Lammbraten von Waldschafen kapriziert.

Eine Besonderheit unter den Branntweinen ist der Bärwurz, ein klarer Schnaps mit dem Aroma der gleichnamigen Wurzel (die vornehmlich in der Berggegend vorkommt). Es gibt etliche Bärwurzereien mit Probiermöglichkeit, etwa in Bodenmais, Zwiesel und Hauzenberg. Die älteste Bärwurz-Destille der Welt steht in Deggendorf-Mietraching, dem »Tor zum Bayerischen Wald«.

Trachtenmoden

Trachten und Lederbekleidung, Tücher und Tischdecken werden original im Bayerischen Wald gefertigt. Am bekanntesten ist der Hersteller *Beckert* in Schönberg. Schöne Einkaufsmöglichkeiten gibt's auch in Lam und Cham (Charivari). Gut und auch für »Preißn« tragbar: Bundhosen aus Hirschleder.

Trödel und Antiquitäten

Originale Bauernmöbel und Gegenstände sakraler Kunst sind immer noch zu finden. Seit die Öffnung der Grenze zur Tschechischen Republik wieder günstigen Handel (und Schmuggel) zuläßt, sind die Geschäfte im Grenzgebiet wieder besser bestückt. Eine (teure) Rarität: Primbramer Madonnen. Die oft kindsgroßen Holzfiguren waren früher ein Mitbringsel aus der Wallfahrt ins böhmische Primbram.

Prozessionen und Ritterspiele

Fast übervoll ist der Veranstaltungskalender mit öffentlichen Ereignissen von Religion bis Rockmusik

Gemessen an der Zahl der Feiertage, der traditionellen Prozessionen und Brauchtumsfeiern sind die Waldler nicht nur ein frommes, sondern beinahe schon ein vergnügungssüchtiges Volk. Sie verstehen jedenfalls, die Feste nicht nur zu feiern, sondern sie auch ordentlich zu mehren. Schon der Faschingskalender wird immer dichter, zu den Feuerwehr-, Schützen- und Trachtenbällen gesellen sich nun die Heiterkeiten von Tennisclub und Sportverein. Im Sommer vergeht keine Woche, in der nicht mehrere Dorffeste, Waldfeste, Fischer- und Weinfeste konkurrieren.

Übers Jahr locken die traditionellen Kirchweihfeste (»Kirta«) und die Heimatabende mit ordentlichem Volkstanz. Es gibt Maibaumsteigen, Sonnwendfeuer, Roßmärkte, Holzmärkte und Weihnachtsmärkte. Dann die vielen historischen Aufzüge, die der alten Zeit gedenken. Die Gemeinden überbieten sich darin, stets neue Rekorde an Angeboten aufzustellen, und wenn's ein Jodelabend ist.

Ein unverfälschter, religiöser Brauch ist seit 1492 die große, kraftvolle Kerzenwallfahrt auf den Bogenberg bei Straubing. Das Englmari-Suchen in St. Englmar, Deutschlands höchstgelegenem Pfarrdorf, geht auf die Ermordung des Eremiten Englmar im Jahr 1100 zurück. Dabei wird eine lebensgroße Holzstatue des Heiligen versteckt und gesucht. Jährlich am Pfingstmontag reiten rund 600 Pfingstreiter (seit 1412) aus der Stadt Kötzting zur Kirche nach Steinbühl, Pfarrer und Ministranten hoch zu Roß voran.

Das bedeutendste Ereignis klassischer Kultur in der Region sind die von Juni bis August stattfindenden Europäischen Wochen in Passau, die Musik-, Theater- und Literaturfestspiele. In der Domstadt gibt's zu Pfingsten jährlich ein weithin bekanntes ♣ Open-air-Rockkonzert; jährlich im November wird im Scharfrichterhaus der Deutsche Kabarettpreis verliehen.

Reich bestickt sind die bunten Fahnen, die zu vielen Festen aufgestellt werden

Für ⚡ junge Leute besonders attraktiv ist das große Regensburger Bürgerfest Anfang Juli in der Altstadt, mit Feuerschluckern, Gaumenspezialitäten und allerhand Kultur. Beliebt sind die vielen Feste mit historischen Themen: Im August, wenn die Fremden kommen, rüstet man in Waldmünchen den sagenumwobenen Trenck der Panduren auf, und in Furth gibt's den berühmten Drachenstich, ebenfalls ein Freilicht-Spektakulum mit Rittern und Riesen. Die Grafenauer haben sich der Tradition der Salzsäumer aus dem Mittelalter erinnert, als die Salz- und Handelsstraße »Goldener Steig« eine wichtige Einnahmequelle war, und feiern mit einem kostümreichen Säumerfest. Am Abend vor Martini schließlich, am 10. November, ziehen im Zwieseler Winkel die Burschen zum »Wolfsaustreiben« durch die Dörfer, ein lauter Tumult mit Kuhglocken und Versaufsagen.

OFFIZIELLE FEIERTAGE

Neben den bundesweiten gelten einige katholische Feste als gesetzliche Feiertage: *Neujahr*, 6. Januar *(Dreikönig)*, *Karfreitag*, *Ostermontag*, *Himmelfahrt*, *Pfingstmontag*, *Fronleichnam*, 15. August *(Mariä Himmelfahrt)*, 3. Oktober *(Tag der Deutschen Einheit)*, 1. November *(Allerheiligen)*, 25. und 26. Dezember *(Weihnachten)*.

FESTIVALS

Freyung (122/C 3)
Oktober *Wolfsteiner Herbst*, Kulturwochen; alle zwei Jahre

Furth im Wald (115/D 3)
★ 2.—3. Sonntag im August *Drachenstich*, ältestes bayerisches Volksschauspiel mit 1000 Darstellern und 200 Pferden

Passau (124/B–C 3)
★ Mitte Juni bis August *Europäische Wochen*. Theater, Musik, Lyrik

Pfingsten drei Tage ✝ *Open-air-Rockkonzert*
Mitte Oktober bis Ende November *Deutsche Kabarett-Tage*

Regensburg   (117/C–E 4–5)
Mitte Juli ★ *Bürgerfest* in der Altstadt
Aug./Sept. *Dollingerspiel*, Ritterkampf auf dem Haidplatz

Straubing   (118/C–D 2–3)
Alle vier Jahre Mitte August (das nächste Mal wieder 2002) *Agnes-Bernauer-Festspiele.* Liebesgeschichte um eine ertränkte Baderstochter
August ★ *Gäubodenfest*, zweitgrößtes Volksfest Bayerns

Waldmünchen   (114/C 1–2)
Juli bis Ende August *Trenck der Pandur*, Freilichtschauspiel

Zwiesel   (114/A 5)
★ Juni und September *Zwieseler Fink*, Volksmusik

FESTE UND LOKALE VERANSTALTUNGEN

Februar/März
Passau und Vilshofen: ☸ *Politischer Aschermittwoch*, volkstümliche Politunterhaltung der Parteien. Ende März *Frühjahrsmesse*, Leistungsschau der Wirtschaft
Frauenau: Faschingssamstag *Frauenauer Rauhnacht* mit Waldhexen und Gruselmasken

Mai
Passau: ab 1. Maisonntag *Maidult*, Volksfest, Festumzug
Hauzenberg: *Kulturwoche*

Mai/Juni
Kötzting: Pfingstmontag ★ *Kötztinger Pfingstritt*, Reiterzug mit

600   Pferden,   anschließend »Pfingsthochzeit«
Bogen: Pfingstsonntag: *Bogener Kerzenwallfahrt,* Prozession mit einer dreizehn Meter hohen Kerze auf den Bogenberg
St. Englmar: Pfingstmontag *Englmarisuchen*, Kult um eine lebensgroße Holzfigur
Freyung: Ende Juni *Volksfest*

Juli
Regen: Letztes Wochenende *Pichelsteinerfest*
Grafenau: ab 1. Fr *Volksfest*
Waldkirchen: 1. Sa *Marktrichterfest*
Passau: Letzter Fr bis So *Haferlfest* mit Wasserspielen

August
Bischofsmais: 10. u. 24. Aug. ☸ *Hirmonskirchweih* in St. Hermann, Fest der Waldler
Grafenau: 1. Sa *Säumerfest*, historischer Aufzug mit Tieren
Arber: am So vor oder nach dem 24. Aug. *Arberkirchweih*, größtes Fest der Gegend mit Bergmesse
Waldkirchen: 1. Sa *Dreschersuppe*, bäuerliches Brauchtumsfest
Drachselsried: Ende August *Altbayerische Kirta*

September
Passau: 1. Woche *Herbstdult*

November
Zwieseler Winkel, Rinchnach: 10. Nov. *Wolfsaustreiben;* Bauernburschen mit um den Hals gehängten Glocken machen Radau, sagen Verse auf und bekommen dafür Geld und Brot.

Dezember
Hauzenberg: 5./6. *Nikolaus-Einzug* mit 20 Nikoläusen

Zwischen Regensburg und Lam

Von der Kornkammer Bayerns in die hohen Wälder des Naturparks

Vom Donautal bei Regensburg bis in die verwinkelten Bergtäler bei Lam zieht sich eine abwechslungsreiche Landschaft. Der Naturpark Oberer Bayerischer Wald ist im wahrsten Sinne eine zurückgebliebene Gegend: einmal schon durch die Lage an der tschechischen Grenze, dem ehemaligen Eisernen Vorhang. Zum anderen ist es ein sehr dünn be-

Barocke Pracht: die Klosterkirche von St. Emmeram in Regensburg

siedeltes Gebiet, und über lange Jahre hinweg fehlte es an moderner Infrastruktur. Dem Reiz des Landes tat dies keinen Abbruch, ganz im Gegenteil.

Der Regen ist das Verbindende der Region, ein Wasserwanderweg für Kanufahrer mit einem Uferweg, wie man sich ihn nur wünschen kann. Der an vielen Stellen mäandernde Fluß zeigt stimmungsvolle Bilder; in seinem Tal reihen sich Burgen, Klöster und Mühlen. Im gesamten oberen Teil des Bayerischen

Hotel- und Restaurantpreise

Hotels
Kategorie L: über 200 Mark
Kategorie 1: 120 bis 200 Mark
Kategorie 2: 60 bis 120 Mark
Kategorie 3: 25 bis 60 Mark
Die Preise gelten für eine Person im Doppelzimmer mit Frühstück. Privatunterkünfte liegen meist unter 25 Mark pro Person, Apartments auf Bauernhöfen kosten im Schnitt 45 Mark pro Tag.

Restaurants
Kategorie L: über 60 Mark
Kategorie 1: 40 bis 60 Mark
Kategorie 2: 30 bis 40 Mark
Kategorie 3: bis 30 Mark
Die Preise gelten für ein Essen mit Hauptgericht, Vorspeise und Dessert. Es gibt in wenigen Orten wirklich anspruchsvolle Restaurants, fast überall aber Gasthäuser mit einem guten Preis-Leistungs-Verhältnis.

MARCO POLO TIPS FÜR DEN OBEREN BAYERISCHEN WALD

1 Architekturwunder aus dem Mittelalter
Die Steinerne Brücke in Regensburg (Seite 35)

2 Straubing
Brennpunkt Niederbayerns mit dem reinsten bayerischen Herzschlag (Seite 37)

3 Lamer Traumland
Der Lamer Winkel als ideales Wandergebiet: saftgrüne Wiesen, dunkelgrüne Wälder (Seite 42)

4 Schön und erhaben
Schloß und Kirche St. Emmeram in Regensburg (Seite 35)

5 Tausendjähriger Baum
An der Wolframslinde bei Kötzting dichtete Wolfram von Eschenbach (Seite 40)

6 Zwei-Tage-Tour
Eines der schönsten Bergerlebnisse im Wald: die Wandertour von Kötzting über den Kaitersberg zum Arber (Seite 43)

Waldes entdeckt man eine unglaubliche Zahl an Klöstern, Kirchen, Burgen mit sehenswerter Ausstattung, ob im Falkensteiner Vorwald oder in der Cham-Further Senke. Auch die prächtigsten Brauchtumsfeste und Freilichtspiele finden hier statt. Sie haben alle einen Rang weit über das Gebiet hinaus und sind zu Zuschauermagneten geworden: die »Burghofspiele« in Falkenstein, der kriegswilde »Trenck der Pandur« in Waldmünchen, der farbenprächtige und massige Kötztinger Pfingstritt, der »Drachenstich« von Furth im Wald und natürlich das riesige »Gäubodenfest« in Straubing, ein Millionenspektakel und das zweitgrößte Volksfest Bayerns.

Am Beginn der Reise steht ein Geschenk: Regensburg, Stadt aus altem Stein, einer der schönsten und historisch interessantesten Orte in Deutschland. Goethe 1786: »Regensburg liegt gar schön, die Gegend mußte eine Stadt hierher locken«. Die viertgrößte Stadt Bayerns zeigt geballt europäische Kultur und Geschichte aus 2000 Jahren. Die reiche Gäubodenstadt Straubing verwaltet in der Donauebene die Kornkammer Bayerns. Sie ist die typischste aller Niederbayern-Städte, hier schlägt, befand der Historiker Karl Bosl, das altbayerische Herz am reinsten. Allein der 600 m lange Marktplatz, eine lebendige Ausstellung, lohnt einen Abstecher.

Wer schnell ins Urlaubsgebiet und an seinen Zielort im Bayerischen Wald kommen will, nimmt die Straße über Roding. Reisende mit etwas mehr Zeit besuchen von Regensburg aus über Donaustauf die Walhalla, reisen weiter über Wiesent und Falkenstein in das Land um Cham. Zwischen Furth und Lam entdecken wir eine Welt voller saftiger Täler mit Wiesen und

Äckern. Im Hintergrund immer — wie eine Wand — die Wälder, die sich an der Bergkette entlangziehen. Durch die vielen Bergrücken wirkt die Gegend arg »verwinkelt«. Das berühmteste Stück davon ist der »Lamer Winkel«, eine sanfte, liebliche Senke. Sie wird von Osser, Arberstock, Kaitersberg und Hohem Bogen begrenzt und wird natürlich auch im Winter aufgrund der schönen Pisten und Loipen gern besucht.

REGENSBURG

☛ **Stadtplan in der hinteren Umschlagklappe**

(117/D–E 4–5) Regensburg ist die einzige erhaltene mittelalterliche Großstadt Deutschlands: ein lebendiges Museum mit Bau- und Kunstdenkmälern aller Stilepochen vom 2. bis zum 20. Jahrhundert. Wer wenig Zeit hat, sollte zumindest einen Tag und eine Nacht hier verbringen. Ein Muß bei einem Kurzbesuch sind: St. Emmeram, die mächtige benediktinische Klosteranlage mit barocker Asam-Kirche; der Dom St. Peter, in vierhundert Jahren Bauzeit geschaffen mit dem Ziel, ein Sinnbild für die Harmonie im Reich Gottes herzustellen; die Steinerne Brücke über die Donau, ein mittelalterliches Architekturwunder; ein Rundgang durch die Altstadt mit ihren mittelalterlichen Gassen, mächtigen Patrizierhäusern, historischen Schenken und den Szenekneipen einer Unistadt.

Regensburg entstand als Keltensiedlung Radasbona. Die Römersiedlung Ratisbona baute Marc Aurel 179 zum mächtigen Legionslager Castra Regina aus. Der hl. Bonifatius gründete 739 ein Bistum. Die Bajuwarenherzöge der Agilolfinger machten Reganespurc zur ersten bayerischen Hauptstadt, Kaiser Karl der Große machte es zum wichtigsten Königshof in Süddeutschland, Sohn Ludwig der Deutsche zum Mittelpunkt des Ostfrankenreiches. Die Stadt am nördlichsten Punkt der Donau war vom 11. bis 14. Jahrhundert bedeutende Handelsmetropole und schließlich, von 1663 bis 1806, Sitz des »Immerwährenden Reichstags des Heiligen Römischen Reiches Deutscher Nation«.

Sie war keine geistliche Stadt wie Passau. Reiche Kaufleute setzten schon 1245 die »Freie Reichsstadt« durch und bauten sich prächtige Patrizierhäuser nach italienischem Vorbild mit Geschlechtertürmen (am eindrucksvollsten das Haus an der Heuport beim Dom und der neunstöckige Goldene Turm in der Wahlenstraße). Gegen den Dom stellten sie ein mächtiges Rathaus und folgten Luther in der Bewegung gegen Rom — der Modellfall des »cuius regio eius religio«, des Miteinanders der Konfessionen. Die Stadt war dreigeteilt in Königsstadt, in Klerusstadt und in die Stadt der Kaufleute. Freilich gab es hier auch einen von Thurn und Taxis, Vertreter des Kaisers. Nicht nur die wirtschaftliche und politische Rolle des Fürstenhauses übertrug sich auf die Stadt, die Bauten der Adelssippe verliehen Regensburg auch Kraft und Ausstrahlung. Die alte Bedeutung ist längst dahin. Napoleons Truppen fielen ein, 1810 endete das Fürstentum, die eigenwillige Stadt wurde bayerisch. An

Schönheit hat sie nichts verloren, aus dem Zweiten Weltkrieg ging sie nahezu unbeschädigt hervor, und als Unistadt und Zentrum moderner Industrie (BMW, Chip-Fabrikation) hält Bayerns viertgrößte Stadt (130 000 Ew.) schon wieder kräftig mit.

BESICHTIGUNGEN

Altes Rathaus

Es demonstrierte den Stolz und die Macht der Bürgerschaft und war auch prächtig genug, daß darin bis 1806 143 Jahre lang der »Immerwährende Reichstag« tagte. Eine Sehenswürdigkeit ersten Ranges ist der große Reichssaal im ersten Stock. Der Kaiser saß unter dem Thronbaldachin, die Fürsten und Reichsstädte gruppierten sich in einer streng geregelten Sitzordnung um ihn herum. Kurfürsten und Fürstenkollegium hatten ein eigenes Beratungszimmer (original erhalten). Im Kellergewölbe gab es auch Folterkammer, Fragstatt genannt, Armesünderkammer und Gefängniszellen. *Tgl. Führungen, vom 1. April–31. Okt. fast jede halbe Stunde zwischen 10 und 15.30 Uhr, Alter Rathausplatz*

Dom St. Peter

An der Kathedrale (*Domplatz*), innen und außen fast stilrein, wird seit 1275 gearbeitet, sie ist ein Hauptwerk der Gotik in Bayern: zwei mächtige Türme (105 m), figurenreiche Außenfront, ein Innenraum, der durch künstlerische Werke, Weiträumigkeit und durch die von farbigen Glasfenstern (14. Jh.) unterstrichene Stimmung besticht. Im Domkreuzgang sehen Sie großartige Grabdenkmäler, im Domschatzmuseum (erreichbar durch den Nordausgang) Kostbarkeiten aller Jahrhunderte. Der ganze Domkomplex birgt eine Vielzahl interessanter Kapellen und Baudenkmäler, die seit einigen Jahren gründlich renoviert werden.

Über den Domgarten erreicht man die Basilika Niedermünster, eine der ehrwürdigsten Kirchen der Stadt. Sie stammt aus dem 7. Jh., gebaut auf den Fundamenten eines römischen Wohnhauses. Das Klostergebäude nebenan ist heute bischöfliches Ordinariat. Ein Stück weiter, »Unter den Schwibbögen«, sieht man Reste der römischen Stadtmauer, und im ehemaligen Bischofshof

---

Die Werke der Gebrüder Asam

Der Name Asam steht für die schönsten Kirchenräume des süddeutschen Barock. Den Brüdern Cosmas Damian und Egid Quirin Asam gelang in ihrer Kunst zu Beginn des 18. Jahrhunderts eine meisterhafte Gestaltung, die Architekturelemente mit theatralischen Gesten und Lichteffekten verbindet. Die Klöster und Kirchen mit den genialen Stukkaturen reihen sich entlang der Donau wie an einer Perlenschnur aufgezogen, von Aldersbach bei Passau bis zum Kloster Weltenburg bei Regensburg. Die Werkstätten alphabetisch geordnet: Aldersbach, Alteglofsheim, Frauenzell, Gotteszell, Metten, Oberalteich, Osterhofen-Altenmarkt, Regensburg, Straubing, Weltenburg.

Der Regensburger Dom: französische Kathedralarchitektur in Bayern

das Nordtor des ehemaligen Castra Regina, ein mächtiges Mauerwerk: Porta Praetoria.

St. Emmeram

Wie das damals so ging: Der Heilige (Emmeram) wird ermordet, der Herzog läßt ihn (685) außerhalb der Stadt beisetzen, plötzlich wird das Grab zur Wallfahrt, und aus der Wallfahrtsstätte erwächst ein Kloster. Das Kloster wurde stark genug, sich vom Hochstift zu trennen, seit 1812 dient es denen von Thurn und Taxis als Fürstliches Schloß. Die ★ Kirche darin, eine dreischiffige Basilika, gilt als ungewöhnlich schön und erhaben, sie wurde 1731 von den Asam-Brüdern barock umgestaltet. Besonders sehenswert: der Kreuzgang, die Schloßbibliothek mit Asamfresken und das Marstallmuseum. 2200 Objekte aus dem Nachlaß des Fürsten Johannes zeigt das Thurn- und Taxis-Museum, eine Zweigstelle des Bayerischen Nationalmuseums (*Mo–Fr 11–17 Uhr, Sa, So 10–17 Uhr*), Sankt Emmeramsplatz

St. Jakob

Bruder Mercherdach, ein irischer Mönch, gründete hier um 1040 eine Einsiedelei, Keimzelle des späteren Klosters. Das Hauptportal, genannt Schottentor, zählt zu den bedeutendsten romanischen Werken des Abendlandes (*Jakobsstraße*). In der strengen und schlichten Dominikanerkirche lehrte der große Gelehrte Albertus Magnus, 1260–62 Bischof hierselbst. (*Waffnergasse*)

Steinerne Brücke

★ 800 Jahre lang war das von 1135 bis 1146 gebaute Meisterwerk der Architektur der einzige Verkehrsweg über die Donau. Das älteste deutsche Brückenbauwerk hat auf einer Länge von 310 Metern 16 Bögen. An ihrem einen Ende steht die Historische Wurstküche, die frühere Brückenbauhütte (empfehlenswert neben den Bratwürsten die Kartoffelsuppe), an ihrem anderen zwei schattige Biergärten mit Blick auf die Domtürme.

Auf der Winzerer Höhe im Westen Ausblick auf Stadt und Donau. Den besten ✹ Anblick der Altstadt aber hat man von der Mitte der Steinernen Brücke aus.

MUSEEN

Marstallmuseum
Sammlung alter Kutschen, Schlitten und Prunkkarossen am Schloßtor am Emmeramsplatz. *April—Okt. Mo—Fr 11—17 Uhr, Sa, So und Feiertage 10—17 Uhr*

Ostdeutsche Galerie
Werke bildender Künstler aus ehemaligen deutschen Ostgebieten. *Dr.-Joh.-Maier-Str. 5, Di—So 10—16 Uhr, So und Feiertage auf Anfrage (Tel. 0941/2 97 14-0)*

Staatsgalerie
Wechselausstellungen moderner Kunst im »Leeren Beutel«, einem siebengeschossigen Getreidekasten. *Bertoldstr. 9, Di—So 10—16 Uhr*

Stadtmuseum
Lokalhistorische Sammlungen in über 100 Räumen des ehemaligen Minoritenklosters, u. a. römische Gräberfunde. In der Gemäldegalerie Werke von Albrecht Altdorfer, Stadtbaumeister und Hauptmaler der Donauschule. *Am Dachauplatz, Di bis So 10–16 Uhr, feiertags auf Anfrage*

RESTAURANTS

Historisches Eck
Eine sehr feine Küche in den historischen Räumen »Zur Strizelbäckerin«. *Watmarkt 6, Tel. 0941/ 589 20, Kategorie L*

Historische Wurstküche
Kein Restaurant, sondern eine 850 Jahre alte Kuchl mit berühmten Bratwürsten (bis 19 Uhr). *An der Steinernen Brücke, Tel. 0941/590 98, Kategorie 3*

Kneitinger
⚐ Ein altbayerischer Brauereiausschank. *Arnulfsplatz 3, Tel. 0941/ 524 55, Kneitinger Keller, Galgenbergstr. 18, Tel. 0941/766 80, Kategorie 2*

EINKAUFEN

Mitbringsel sind der Hausmachersenf der Firma Händlmaier, Regensburger Knacker, Konfekt oder Karmelitengeist, kredenzt von den Brüdern des gleichnamigen Klosters.

MÄRKTE

Am *Krauterermarkt* vor dem Dom gibt's den berühmten Weichser Radi *(März—Okt., Mo—Sa 8—18 Uhr)*. Die ganze Woche über *Gemüsemarkt* auf dem Neupfarrplatz. Auf dem *Wochenmarkt* an der Donau *(Sa 5—13, Mi 6—12 Uhr, Kumpfmühler Str.)* gibt es frisches Obst und Gemüse in großer Auswahl. *Christkindlmarkt* ist ab dem letzten Freitag im November in der Altstadt.

HOTELS

Arch
Altstadthotel in einem schönen Patrizierhaus der Stadt. *115 Betten, Haidplatz 8, Tel. 0941/586 60, Fax 5 86 61 68, Kategorie 1*

Bischofshof
Liegt neben dem Dom und war früher tatsächlich Bischofsresi-

denz, entsprechend das Ambiente. Mit historischen Gasträumen und Biergarten. *101 Betten, Krauterermarkt 3, Tel. 0941/5 84 60, Fax 5 84 61 46, Kategorie 2*

Parkhotel Maximilian

Ein First-class-Hotel im Rokokogewand, sehr stilvoll, mit guter Küche und Bars. *103 Betten, Maximilianstr. 28, Tel. 0941/ 568 50, Fax 529 42, Kategorie L*

SPIEL UND SPORT

Das Westbad *(Messerschmittstr. 4)* ist ein Allwetterbad, Hallenbad in der *Gabelsbergerstraße* Golfen am *Jagdschloß Thiergarten* in *Donaustauf.* Strudelfahrten auf Donau, Regen und Europakanal starten bei der *Steinernen Brücke.*

AM ABEND

An Theater, Konzerten und sommerlichen Serenaden herrscht kein Mangel (die Regensburger Domspatzen pfeifen allerdings nur am Morgen, sonn- und feiertags, im Dom). Ende Mai bis September Kulturprogramm mit Musik, Theater und Ausstellungen in historischen Räumen, im Juni Bach-Wochen, im Juli Jazz-Weekend (Altstadt). Bauerntheater im Colosseum. Empfehlenswert: *Kulturfabrik Alte Mälzerei, Gallenbergstr. 20; Orphee, Café-Restaurant Untere Bachgasse; Hemingways, Bar in der Oberen Bachgasse.*

AUSKUNFT

Tourist-Information, Altes Rathaus, 93047 Regensburg, Tel. 0941/ 1 94 33, Fax 507 44 19, www. regensburg.de

ZIELE IN DER UMGEBUNG

Alteglofsheim (117/E 6)

Ein unscheinbares Dorf 15 km südlich von Regensburg: Im Mittelpunkt der Häusergruppe aber steht ein mächtiges *Schloß* mit üppiger Rokokoausstattung. Die Besten ihrer Zeit schufen glanzvolle Räume. Beteiligte Künstler: Zimmermann, Cuvillies und Cosmas Damian Asam. Sein Deckenfresko im Speisesaal trägt den Titel »Der Tag«.

Frauenzell (111/D 5)

Die ehemalige Klosterkirche zu Unserer Lieben Frau nördlich von Wiesent ist ein Kleinod, eine der schönsten Sehenswürdigkeiten im Vorwald. Die Kirche geht auf zwei Einsiedler zurück, 1424 entstand eine Abtei: ein einsam gelegenes, armes Benediktinerkloster. Der heutige Bau von 1795 entstand nach Verwüstungen durch Schweden im Dreißigjährigen Krieg. Er beeindruckt vor allem durch das riesige Deckenfresko und die helle, freundliche Gesamtausstrahlung der prächtigen Rokokostukkatur in Grün, Gold und Rosa.

Straubing (118/C 3, 119/D 2–3)

Die ★ Hauptstadt des Gäubodens (40 000 Ew.) wirkt mit dem putzigen Stadtturm (14. Jh.) wie aus dem Spielzeugmuseum, dabei ist sie die wohl typischste niederbayerische Stadt.

Der 600 Meter lange Marktplatz zeigt reichverzierte Bürgerhäuser mit eigentümlichen Treppengiebeln; außerdem behäbige Gasthöfe, traditionelle Cafés (ein Muß: Agnes-Bernauer-Torte im *Café Krönner*) und barocke Kirchen. Sehenswert vor

Die Walhalla, Olymp der
»deutschen Geistesheroen«:
Wer hier mit einer Büste geehrt wird,
muß zwanzig Jahre tot sein

allem die Asam-Arbeiten in der
Ursulinen-Kirche und, mit Friedhof und Totentanz-Kapelle, die
romanische *St.-Peter-Kirche.* Erste
Siedlungen gab es in der Jung-
stein- und Keltenzeit. Die Römer bauten das Kastell Sorvi-
odurum (Römerschatz beim
Stadtmuseum), Bayernherzog
Ludwig der Kelheimer gründete
1218 die Stadt, und einmal (von
1353 bis 1424) gab's gar ein
bayerisches Herzogtum Strau-
bing-Holland. Die Stadt brachte
große Söhne hervor wie den For-
scher Joseph Fraunhofer (oder
auch den Konquistadoren Ulrich
Schmidl, im 16. Jh. Mitbe-
gründer von Buenos Aires). Sie

zeigt bayerisch-barocke Festlich-
keit auf dem jährlichen »Gäubodenfest« (eine Million Besucher)
und Flair mit einer Trabrenn-
bahn und recht freizügigem
Nachtleben.

Ein Drama von Shakespeare-
schem Ausmaß wird alle vier Jahre aufgeführt (das nächste 2002)
und hat folgenden Hintergrund:
Die Baderstochter Agnes Ber-
nauer begnügte sich nicht mit der
Rolle der Geliebten eines bayerischen Erbprinzen, sie setzte die
Hochzeit durch und residierte
mit Gemahl in Straubing. Der
Schwiegervater verurteilte sie
zum Tod durch Ertränken.

Walhalla (117/E 4)
358 Stufen muß man hinaufstei-
gen in den Olymp der »deutschen Geistesheroen« über der
Donau. Ludwig I. hatte sich die
Ruhmeshalle erdacht, bei einem
Besuch des Fürsten von Thurn
und Taxis fand er auch den Platz
dafür, auf der Anhöhe bei Donaustauf. Mit dem Bau des Mar-
mortempels wurde Hofarchitekt
Leo von Klenze beauftragt, der
im dorischen Stil Griechenlands
von 1830 bis 42 baute, um hier
die besten Köpfe des Volkes zu
zeigen. Sie müssen zwanzig
Jahre tot sein, bevor ihre Büsten
aufgestellt werden können, die
Entscheidung über Neuzugänge
trifft der Bayerische Ministerrat.

Weltenburg (116/A 6)
Große Attraktionen auf engstem
Raum: Der Ortsteil (400 Ew.)
von Kelheim birgt das älteste
bayerische Kloster mit seiner berühmten *Asamkirche* und bietet
ein atemberaubendes Naturerlebnis, den *Donaudurchbruch.*
In dem vielleicht romantisch-

sten aller Donautäler durchbricht der Fluß das bis zu hundert Meter hohe Felsmassiv des Jura. Das Kloster (im Sommer an Wochenenden von Regensburg auch mit Schiff erreichbar) soll um 620 von iroschottischen Mönchen gegründet worden sein, Herzog Tassilo machte daraus 150 Jahre später ein Missions- und Wirtschaftszentrum. Die Klosterkirche *St. Georg und Martin* von 1716—18 gilt als Meisterwerk der Brüder Asam: geniale Einheit von Architektur, Dekorationskunst und Lichtführung. Auf dem Michelsberg in Kelheim steht König Ludwigs I.

Befreiungshalle, ein monumentaler klassizistischer Rundbau, gebaut ab 1842 von dem Hofbauintendanten Leo von Klenze.

Wiesenfelden (111/F 5)

Eine eigenartige Hochmoorlage mit Heidecharakter und mehreren Weihern macht die Gegend zu einer beschaulichen Sommerfrische. Zentrum des kleinen Ortes Wiesenfelden sind das dreigeschossige Schloß von 1648 (mit naturkundlichem Museum) und die Residenz von Bayerns oberstem Naturschützer Hubert Weinzierl (mit Wildkatzen-Aufzuchtstation).

Das Kloster Weltenburg: grandiose Lage am Donaudurchbruch

KÖTZTING

(112/C3) Eng stehen die alten Häuser der historischen Altstadt, schmale Gassen laufen um das Schloß herum. Die Kirchenburg hat eine Wehranlage mit einem äußeren und inneren Befestigungsring. Das Schloß war Stammsitz der Chostinger, der Dienstmannen der Markgrafen von Cham, ab 1361 Amtsgebäude (heute Pfarrhof). Die Stadtpfarrkirche Mariae Himmelfahrt zeigt einen schönen Rokoko-Hochaltar. Der Kurpark Auwiesen (8,5 ha) kombiniert Erholung und Freizeitspaß, an der romantischen Uferpromenade am Weißen Regen (mit Wasserwanderlehrpfad) dreht sich ein altes Wasserrad, allerdings nur von *11.15 bis 11.30 Uhr täglich.*

Berühmt ist der Luftkurort (7000 Ew.) für den Kötztinger Pfingstritt, eine aufwendige Männerwallfahrt, zu der jährlich am Pfingstmontag 600 Reiter aufgeboten werden. Der Umzug mit anschließender »Pfingsthochzeit« ist seit 1412 nachweisbar. Ein Festspiel auf einer Freilichtbühne zeigt das Pfingstgeschehen. Bei den Waldspielen am Ludwigsberg kommen Klassiker der Literatur auf bairisch zur Aufführung.

BESICHTIGUNGEN

Fischerkanzel
Über der Stadt, am Zusammenfluß von Weißem und Schwarzem Regen, thront die barocke Wallfahrtskirche Weißenregen. Sehenswert vor allem wegen der Fischerkanzel, an der die menschenfischenden Apostelfiguren mit Netzen dargestellt werden.

Haidstein
Wolfram von Eschenbach schrieb hier Teile seines »Parzival«, vielleicht des herrlichen 🌿 Ausblicks wegen, den man hier genießen kann.

Wolframslinde
Sie soll tausend Jahre alt sein, benannt ist sie nach dem Minnesänger Wolfram von Eschenbach, der um 1200 auf der nahen Burg Haidstein logierte. Das ★ Naturwunder (Stammumfang 16 m) steht im Ortsteil Ried.

AUSSICHT

Auf dem 🌿 Ludwigsberg erreicht man über einen Waldlehrpfad nach 15 Gehminuten einen Aussichtsturm.

RESTAURANTS

Amberger Hof
Seit Generationen in Familienbesitz. Spezialität: Räuber-Heigl-Spieß. *Torstr. 2, Tel. 09941/95 00, Kategorie 3*

Zur Post
Traditioneller Gasthof mit gehobener bürgerlicher Küche. Mit Hotel der Kategorie 3 (19 Betten). *Herrenstr. 10, Tel. 09941/66 28, Fax 26 04, Kategorie 2*

ÜBERNACHTUNG

Bayerwaldhof
Hotel 6 km außerhalb, mit Hallenbad und Reitschule. *100 Betten, Liebenstein 25, Tel. 09941/13 97, Fax 48 06, Kategorie 2*

Landsitz Gut Ulmenhof
Hübsches altes Hotel im Umland in ruhiger Waldrandlage,

mit großem Park, Wildgehege, Minigolf, Hallenbad, Pferden. *35 Betten, Bonried 2, Tel. 09945/ 632, Kategorie 3*

Wieser-Hof

2 Ferienwohnungen für 4 Personen auf dem wunderschönen Einödhof, 200 m zum See. *Riedersfurt 1, Tel. 09941/13 64, Fax 13 18, Kategorie 3*

SPIEL UND SPORT

Es gibt ein Ozon-Hallenbad und Wellenfreibad sowie einen Naturbadesee in Blaibach. Ansonsten die üblichen Kurangebote: Tennis, Reiten, Langlauf, Ski alpin auf dem Hohen Bogen. Am Höllensteinsee stille Badeplätze und Bootsverleih.

AM ABEND

Es gibt ein Kino viele gute Gasthäuser und Diskos: *Cockpit (Am Regen 7)*, *Flash (Arnbrucker Str. 28)*, *Hollywood (Schirnstr. 20)*.

AUSKUNFT

Verkehrsamt und Kurverwaltung, Herrenstr. 10, 93444 Kötzting, Tel. 09941/60 21 50, Fax 60 21 55, www.koetzting.de

ZIELE IN DER UMGEBUNG

Cham (112/A 2)

In der Chamer Senke vor der Stadt liegt die große ehemalige Klosterkirche *Chammünster*, Gründung der Regensburger Benediktiner aus St. Emmeram — eine mächtige Anlage mit Chorteilen aus dem 13. Jh. Die *Reichsburg* auf dem östlich von Cham gelegenen Galgenberg war Sitz des Markgrafengeschlechts der Cham-Vohburger. Urkundlich erwähnt wird Cham (16 000 Ew.) schon 819, Stadtrechte erhielt der Ort – strategisch günstig an der Heerstraße nach Böhmen gelegen – schon 1293. Von alter Bausubstanz blieb nach Einfall der Hussiten und Schweden und nach Großbränden (zuletzt 1877) im wesentlichen nur das vom Wasser umflossene Burgtor (Biertor) mit seinen wuchtigen Rundtürmen. Das Ensemble des eigentlich schönen Marktplatzes (spätgotisches Rathaus) wurde durch Kaufhausneubauten zerstört, der Renaissancebau *Cordonhaus* beherbergt Heimatmuseum und Galerie. Barocken Prunk wie fast jede Kirche und jedes Kirchlein in der Gegend (z. B. die Pemflinger Pfarrkirche) zeigt die *St. Jakobskirche.* Berühmtester Sohn der Stadt ist der spätere französische Marschall Nikolaus Graf von Luckner, dem die »Marseillaise« gewidmet ist. In Loifling wurde der *Churpfalz-Park* eingerichtet, größter Freizeit- und Erlebnispark Ostbayerns.

Falkenstein (111/E 4)

Schön gelegener Markt und Luftkurort (3000 Ew.), den eine reizvolle 🌿 *Burganlage* mit malerischem Arkadenhof aus dem 11. Jh. krönt. Einer der Burgzwinger heißt Weiberwehr, in Erinnerung an die Frauen, die im 15. Jh. mithalfen, die Hussiten abzuwehren. Die Anlage umgibt ein 12 ha großer Naturfelsenpark mit urwaldartigem Baumbestand. Von Juni bis August Burghofspiele. Ritter Heinrich von Hohenfels hatte einen flotten Spruch gereimt: »Ich bin der Herr von Falkenstein, sauf aus, schenk ein!/ Hei, welch ein lustig Junkerleben/ so lang die Bauern Steuern geben!«

Furth im Wald (115/D 3)

Wahrzeichen der Grenzstadt im Chambtal (10 000 Ew.) mit einem der befahrensten Grenzübergänge nach Böhmen sind der 45 Meter hohe Turm der barocken Pfarrkirche und der neugotische Stadtturm. Die Cham-Further Senke ist der tiefste Einschnitt im Grenzgebirge und trennt den Bayerischen vom Oberpfälzer Wald. Die Grafen von Bogen errichteten hier eine Burg als Bollwerk gegen Böhmen. Hauptattraktion ist das Sommerspektakel des *Further Drachenstichs.* Das feuerspeiende Ungetüm ist ein 19 Meter langes, mechanisch-hydraulisches Tier, von einer Oberpfälzer Maschinenfabrik 1974 für 381 000 Mark gebaut. Es wird von innen über Monitore gelenkt und spritzt über Motorpumpen Blut gegen die Rittersleut. Von Furth führt ein »Öko-Expreß« ins böhmische Domazlice (Taus), mit Führung und gelegentlich Abstechern zum Öko-Bauernhof *(Info: Tel. 09973/80 10 80).*

Hoher Bogen (113/D 1)

Hier ist das Klima weicher und niederschlagsärmer als im Inneren des Bayerischen Waldes. Von diesem sieben Kilometer langen Gebirgszug mit mehr als zehn Gipfeln — ein lohnendes Wandergebiet — genießt man den schönsten Blick ins Chambtal. Der Hohe Bogen hat allerdings keine Ruhe mehr, seit er zu einem »Freizeitzentrum« ausgebaut wurde.

Lam (113/E 2)

Der ★ Lamer Winkel ist ein mildes Tal mit dramatischen Rändern. Wie ein Hufeisen wird der Winkel von den höchsten Bergen des Bayerischen Waldes ein-

Höhepunkt des Further Drachenstichs: der Auftritt des feuerspeienden Drachens, der von einem Lanzenstich getroffen verblutet

gerahmt. Der freundliche Marktflecken (3000 Ew.) zu Füßen des Osser hat ausgezeichnete touristische Angebote und sehr gute Hotels. Über den im Mittelalter betriebenen Bergbau informiert ein *Mineralienmuseum.* In einer Glasherrenvilla in Lambach, einer idyllischen Sommerfrische, wurde ein *Märchen- und Gespensterhaus* eingerichtet.

Neukirchen beim Hl. Blut   (113/D 1)

Im 15. Jh. hieß der Ort noch »Neukirchen vor dem Böhmerwald«, Schloß, Kirche und befestigter Friedhof lagen mitten im Markt. Die entscheidende Wende nahm das Dorf mit den Hussiten. Sie verwüsteten das Schloß, einer ihrer Reiter spaltete mit seinem Schwert aber auch eine böhmische Marienstatue, die aus Sicherheitsgründen in eine Kapelle gebracht worden war. Aus dem Spalt auf dem Haupt floß Blut. So entstand »beim Hl. Blut«, im Mittelalter eine der größten Wallfahrten Europas.

Osser   (113/F 2)

Der verträumte Berg (1293 m) gehört zum böhmischen Künischen Gebirge, benannt nach den künischen (königlichen) Freibauern, die das Gebiet als unmittelbar dem König unterstellte Siedler im 11. Jh. urbar machten. Die Doppelgipfel des Berges wurden in Böhmen als »Brüste der Muttergottes« bezeichnet. Genau über den Gipfel geht die Landesgrenze.

Roding   (111/E 2)

Der uralte Flecken am Regen hat durch Garnison und Industrie einen beachtlichen Aufschwung genommen, für das Stadtbild nicht immer zum Besten. Eines der schönsten Landschaftsbilder am Regen — mit den traumhaften Stimmungen eines mäandernden Flusses — bietet sich westlich von Roding, bei der *Burg Regenpeilstein.* Der Quelle bei der idyllisch gelegenen Wallfahrtskirche Heilbrünnl werden Heilkräfte zugesprochen.

Waldmünchen   (114/C 1–2)

Hätte der Pandurenführer Franz von Trenck 1742 die von Mönchen gegründete Stadt nicht gestürmt — der Luftkurort im Schwarzachtal hätte außer seiner Glasherstellung keine Attraktion. Von den mittelalterlichen Bauten ist nämlich nichts übriggeblieben. Seit 1950 jedoch kämpfen und feiern nächtens an zehn Tagen im Juli und August 350 Akteure in farbenprächtigen Kostümen. Der Pandurensteig erschließt in acht Tagen den Bayerischen Wald von Waldmünchen bis Passau.

Zwei-Tage-Tour   (112/C 3–113/F 4)

Wandermöglichkeiten gibt's in der Gegend mehr als genug, eine außergewöhnlich schöne ist die ★ Zwei-Tage-Tour über den Kaitersberg zum Arber. Den Rückweg organisiert man am besten mit Bus oder Privat-Pkw.

Von Kötzting aus kommt man über die Räuber-Heigl-Höhle zum Kreuzfelsen (999 Meter, Einkehr in der Hütte beim Mittagstein, 1034 m). Auf dem Grat des Kaitersberges eine traumhafte Aussicht über Lamer Winkel und Zellertal zu den großen Bergen des Waldes. Der zweite Tag führt über das Forsthaus Schareben zum Arber-Gipfel.

Im Land der Glasmacher

Vom Regen über den Pfahl in die Berge:
die dramatische Landschaft um Arber und Falkenstein

Die Berge hier sind älter als die Alpen. Eine traumhaft blaue Farbstimmung, das ist das typische Merkmal ihrer Kulisse. Wer kann sich der Ausstrahlung der sich wellenartig wiegenden Waldrücken entziehen? Der Atmosphäre einer wettertrotzenden Natur? Die Gebiete am Rande des Nationalparks haben die höchsten touristischen Zuwachsraten in Deutschland. Orte wie Bodenmais und Zwiesel sind hochentwickelte Fremdenverkehrszentren geworden. Kein Wunder. Das Arber- und das Falkensteingebiet mit ihrer dramatischen Landschaft darf sich kein Besucher entgehen lassen. Ihre Urwälder, Wasserfälle und Karstseen, ihre wildromantischen Hochmoorflächen, Schachten genannt, auf denen früher Stiere grasten. Urwaldgebiete gibt es am Falkenstein wie kaum woanders, mit 400 Jahre alten Baumriesen und einsamen Wegen. Blicke weit über

Mit seinen rund 850 m ist
St. Englmar das höchstgelegene
Kirchdorf des Bayerischen Waldes

die Donauebene tun sich auf, bei guter Fernsicht gar bis zu den Alpen. Und der Wanderer findet ein unendliches Angebot markierter Wege — bis hin zu ausgezeichneten Langstrecken wie dem »Gläsernen Steig«, einer 40 Kilometer langen Route entlang der alten Glashüttenorte. Die Straßen am Fuß der Bergmassive sind komfortabel und führen durch abwechslungsreiche Landschaft. Hauptverbindung ist die B 85, ein Schnellweg von Cham über Regen bis hinunter vor Grafenau.

Die Region unterteilt sich in ein Waldgebiet entlang der Grenze und ein zur Donau auslaufendes Hügelgebiet mit anschließender Ebene, dem Gäuboden. Dabei wurde früher nur der Vorwald westlich des Regen als Bayerischer Wald bezeichnet; den hinteren Wald mit seinen schwarzen, schweren Wäldern kannten frühere Generationen als Böhmerwald.

Der Hauptwasserlauf des Gebietes, der Regen, zieht sich als schmales Wildwasser 180 Kilometer durch weite, sonnenüberflutete Täler, dann wieder durch enge Schluchten und über Geröllhalden. Er ist nicht eingezäunt, nicht begradigt, nicht in ein künstliches Bett gelegt. Der Regen darf mäandernd sich frei durch die Wiesen schlingen, Schleifen machen: ein selten gewordenes Bild eines natürlich strömenden Flusses.

Eine geologische Besonderheit ist der Große Pfahl, eine Quarzformation, die den gesamten Bayerischen Wald von Nord nach Süd durchzieht, vorwiegend unterirdisch. Bei Viechtach tritt er aus dem Boden, fontänenartig, mit 30 Meter hohen Felsen.

Die Entwicklung der Glasmacherkunst und ihre kulturgeschichtliche Leistung für den Wald erlebt man hautnah beim Besuch der Hüttenorte, die sich wie Perlen an einer Schnur um Zwiesel gruppieren. Die richtige Fertigung des Glases ist seit Jahrhunderten sagenumwoben, an den Schmelzöfen entstanden finstere Geschichten und Weissagungen wie die der legendären Waldpropheten Mühlhiasl bzw. Stormberger.

Zur Legende gehört, daß um die Mitte des vorigen Jahrhunderts norwegische Forststudenten hier erstmals mit seltsamen Brettern, etwa drei Meter lang, auftauchten und damit um Rabenstein herum durch den Schnee stapften. Die Waldler staunten, benutzten aber zunächst weiterhin ihre erprobten Schneereifen. Als der bedeu-

MARCO POLO TIPS FÜR DEN
MITTLEREN BAYERISCHEN WALD

1 Kunstwerke aus Glas
Die Fabriken in Zwiesel und Bodenmais zeigen Glasbläser bei der Arbeit (Seite 47 und 58)

2 Frauenau – Gläsernes Herz des Bayerischen Waldes
Die bekanntesten Glashütten, die schönste Rokokokirche und eine moderne Trinkwassertalsperre (Seite 60)

3 Holzdorf Datting
Lebendig, aber geschützt: Ensemble mit hölzernen Bayerwaldhäusern in Datting im Lallinger Winkel (Seite 52)

4 Arber
König der Berge, an 70 Tagen im Jahr Fernsicht bis zu den Alpen (Seite 49)

5 Waldmuseum Zwiesel
Originellstes und erfolgreichstes Provinzmuseum in Deutschland (Seite 59)

6 Barockbibliothek
Eine der schönsten Bibliotheken überhaupt: im Kloster Metten (Seite 53)

7 Rieslochfälle
Aus 200 m Höhe stürzen die Wasserfälle in die Rieslochschlucht bei Bodenmais (Seite 49)

tendste aller Glashüttenherren, Freiherr von Poschinger, sich aus Oslo die ersten Schneeschuhe schicken ließ, trat vom Bayerischen Wald aus die Skilauf seinen Siegeszug in Mitteleuropa an. Poschinger rüstete seine Jäger und Waldaufseher mit dem neuartigen Gerät aus, und 1892 wurde die Ski-Erstbesteigung des Großen Arber vollzogen, im Alleingang, versteht sich. Im Winter des Jahres 1900 schon erlebte das Land zwischen Arber und Rachel seine erste Wintersportsaison. Die Wagner rundherum nahmen alsbald die serienmäßige Herstellung von Skiern auf, und bereits ab 1907 trafen im Bayerischen Wald regelmäßige Wintersport-Sonderzüge aus dem böhmischen Pilsen ein.

Daß der Vorwald altbayerisches Land ist, sieht man schon an dem ausgeprägten Brauchtum, das hier gepflegt wird. Berühmt ist die Gelöbniswallfahrt von Bogen am Pfingstsonntag mit einer 13 Meter langen Kerze. Aus Bogen stammt übrigens auch das weiß-blaue bayerische Rautenwappen, ursprünglich Kennzeichen des hier herrschenden Grafengeschlechts. Die Landschaft mit ihren leichten Schwingungen von Hügeln und Talgründen ist reich an frommen Stätten. Es waren vornehmlich Klöster wie Windberg, Metten und Niederalteich, die den Wald urbar machten. »Trotz riesiger Felder und Maschinen«, schrieb die Dichterin Sarah Kirsch über den Reiz des dünnbesiedelten Vorwaldes, »liegen die Dörfer schläfrig in Buchsbaumgärten; die Katzen trifft selten ein Steinwurf…«

BODENMAIS

(**113/F 4–5**) Die Ortschaft (3600 Ew.) am Südwesthang des Arbermassivs ist heute der meistbesuchte Kurort des Bayerischen Waldes. Dies mag in der rings von Hochwäldern umschlossenen reizvollen Lage begründet sein, sicher aber auch in der mittlerweile ausgereiften Infrastruktur der Gemeinde. In ihrem Angebot hat sie eine Vielzahl guter Hotels und Pensionen, Golfplätze, Tanzlokale, eine Schönheitsfarm und sogar die Verleihung einer Bodenmaiser Wandernadel. Im 12. Jh. gegründet, erhielt Bodenmais mit seinem Erzbergwerk am Silberberg 1522 die Rechte einer »vollkommen gefreiten Bergstatt«. Rund 500 Jahre lang wurde hier Metall abgebaut. Die Bergarbeiterzeit ist vorüber, die bedeutenden Glashersteller sind geblieben, Galerien und Holzbildhauer sind hinzugekommen. Mit der traumhaften Winterlandschaft am Großen Arber vor der Haustür ist Bodenmais auch für Wintersportler attraktiv.

BESICHTIGUNG

Waldglashütte Joska
★ Der Betrieb wirbt damit, Bayerns größte Bleikristall- und Kronleuchter-Verkaufsausstellung zu zeigen. Die Besucher der Hütte erhalten einen Einblick in die Handwerkskunst der Glasbläser und Graveure. Ungewöhnliches ist im Raritätenmuseum zu bestaunen mit 2000 Ausstellungsstücken, vom Bierkrug bis zur Wanduhr. *Beim Postamt, Besichtigung Mo–Fr 9–11.45 u. 13–15.45 Uhr, Sa 9–13.45 Uhr*

Bauers Kutscherhütte

Drei großzügige Ferienwohnungen zu günstigen Preisen bietet die Familie Bauer, außerdem eine urige Gaststätte mit Hausschlachtung. Streichelzoo, Kutsch- und Schlittenfahrten. *Jahnstraße 9, Bodenmais, Tel. 09924/ 10 83, Fax 90 20 99, Kategorie 2*

Feriengut Böhmhof

❀ Das Hotel mit guter Aussicht liegt ruhig am Waldrand. Es gibt Hallenbad plus Sauna, Freibad, und im Winter verläuft die Loipe direkt vorm Haus. *50 Betten, Böhmhof 1, Tel. 09924/ 9 43 00, Fax 94 30 13, Kategorie 2*

Hofbräuhaus

Wie in München gibt es auch hier ein Hofbräuhaus: Hotelrestaurant *(148 Betten, Kategorie 2)* mit traditionellem Ambiente in der *Ortsmitte. Tel. 09924/77 70, Kategorie 2*

Mooshof

Solide Küche im Hotelrestaurant *(Hotel 110 Betten, Kategorie 2). Mooshof 7, Tel. 09924/77 50, Fax 72 38, Kategorie 3*

Riederin

Komfortables »Wald- und Sporthotel« am Ortsrand; feine Speisekarte, Park, Erlebnisbad, Tennis. *110 Betten, Riederin 1, Tel. 09924/77 60, Fax 73 37, Kategorie 1*

Stilvoll ist Glas aus örtlichen Hütten; beim »Herrgottschnitzer« berühmte böhmische Madonnen; Bauernmalerei bei Amberger *(Ritzmais 7),* Wachskunst im *Kgl.-Bayer.-Waldstadl,* Bärwurz in der *Schaubrennerei Gläserne Destille* in Böbrach.

Kurhaus, Hallenschwimmbad. Sommerrodelbahn, Golfpark, Freizeiteinrichtungen von der Skisprungschanze über Kutschenfahrt bis zum Bauerntheater.

Die Disko hat noch den schönen Namen *Tanzcafé Zum Platzl,* und daß es im *Geißgäßchen 1 (Nähe Marktplatz)* liegt, hat nichts zu bedeuten.

Kur- und Verkehrsamt, Bahnhofstr. 56, 94249 Bodenmais, Tel. 09924/77 81 35, Fax 77 81 50, www.bodenmais.de

Für alle, die es auch im Sommer nicht lassen können: die Sommerrodelbahn am Silberberg von Bodenmais

ZIELE IN DER UMGEBUNG

Arber (113/F 4)

★ ↘ Der »König des Bayerwaldes« (1456 m) ist mittlerweile voll erschlossen: durch Seilbahn, Skischneise, Trimm-dich-Strecken. Ein gewaltiger Rummel, an sonnigen Tagen herrscht am Großen Arbersee Volksfeststimmung, die Parkplätze sind restlos belegt. Der Aufstieg lohnt dennoch wegen der Aussicht. Sie finden schöne Plätze auf dem kahlen Kuppelfeld in den Höhen der Riegel, deren markantester der »Richard-Wagner-Kopf« ist. Lohnend ist auch der Abstecher zum Kleinen Arber (1384) und anschließend über die »Himmelsleiter« vom Gipfelplateau herab. Am Großen Arbersee Uferrundweg (eine Stunde Fußmarsch) und Bootsverleih.

Bayerisch Eisenstein (114/B 3–4)

Der Ort, vor Eröffnung der Bahnlinie 1877 ein Dorf, entwickelte sich nach Abtretung des alten Gemeindekerns Markt Eisenstein (heute Zelezna Ruda) an Österreich zu einer traditionellen Sommerfrische. Der kalte Krieg mit seinem Eisernen Vorhang durch Europa ließ Bayerisch Eisenstein dann Endstation werden, die Grenze lief durch den Bahnhof. Die Gleise nach drüben blieben geschlossen, im sehenswerten *Bahnhofsrestaurant (Tel. 09925/330, Kategorie 2)* gab's (und gibt's) böhmische Spezialitäten, und Erholungsuchende fanden einen Ort ohne Trubel. Die Öffnung der Grenze zog nicht nur neue Besucher, sondern auch Durchgangsverkehr in die 1600-Einwohner-Gemeinde.

Ins Arbergebiet führt die Scheibenstraße hoch zum Brennes-Sattel. Der Kleine Arbersee ist zu Fuß vom Brennes aus erreichbar (am Ziel ein »Seehäusl« mit Bootsverleih). Eine gute Einkehr ist die *Gaststätte Arbersee* am Wildgehege, 20 Gehminuten von Eisenstein entfernt.

Drachselsried (113/E 4)

Fast hundert Jahre lang gehörte der Ort im wunderschönen Zellertal dem Adelsgeschlecht der Poschinger, die sich hier ein barockes Schloß hinstellen ließen. Heute gehört Drachselsried den Wanderern, die hier den Aufstieg zu Kaitersberg und Arber suchen und unterwegs Totenbretter und stattliche Bergbauernhöfe bestaunen.

Naturschutzgebiet Riesloch (113/F 4)

Der Wanderweg zum Arber führt durch die wildromantische ★ Rieslochschlucht mit 200 Meter herabstürzenden Wasserfällen.

Silberberg (113/F 5)

Zur Hauptattraktion der Stadt (995 m) führt eine ↘ Sesselbahn (600 Meter lange Sommerrodelbahn, Abenteuerspielplatz und Kinderzoo). Im »geologischen Wunderberg« wurde 700 Jahre lang, bis 1962, nach Eisenerz, Silber und Kupfer geschürft. Durch das »Feuersetzen«, mit dem das Erz aus dem Berg gebrochen wurde, entstanden im Inneren große Höhlen (»Ausbiß«). Die Stollen können befahren werden. Für Asthmakranke gibt es neuerdings eine »Stollentherapie«. *Führungen im Sommer tgl. ab Bergwerkseingang*

REGEN

(114/A 6) Benannt ist die Kreisstadt (12 500 Ew.) nach dem bedeutendsten Fluß des Bayerischen Waldes, der zunächst Kleiner, dann Großer, dann Schwarzer Regen heißt und ab Regen eben nur mehr Regen. Der Erholungs- und Wintersportort ist eine Gründung der Benediktiner des nahen Rodungsklosters Rinchnach aus dem 12. Jh.

Der rechteckige Stadtplatz mit den typisch niederbayerischen Giebelhäusern wird beherrscht von Bürgerhäusern aus dem 19. Jh. und einer prunkvollen Mariensäule, die heute aus einem modernen Brunnen ragt.

Gleichgesetzt wird der teils liebliche Ort zunehmend mit dem fünf Tage langen Pichelsteinerfest Ende Juli. Das berühmte Gericht wurde 1874 von der Wirtin Auguste Winkler aus dem nahen Büchelstein erstmals kreiert, aber auch die Regener feiern dieses Ereignis als »Pichelsteiner Ausmarsch« (u. a. mit Eintopfessen und Wasserspielen).

Im Ortsteil March (günstige Lage zum Skizentrum Geißkopf-Oberbreitenau) mit seiner schönen Kirche lohnt eine Einkehr im Landgasthof *Zur alten Post (mit eigener Metzgerei, auch Pension, Tel. 09921/23 93, Kategorie 3).*

BESICHTIGUNG

St. Michael

Die Pfarrkirche entstand 1655 anstelle der 1648 zerstörten romanisch-gotischen Kirche. Der Turm mit der Zwiebelkuppel war Teil der früheren Friedhofsbefestigung und diente auch schon als Wehrturm.

MUSEUM

Niederbayerisches Landwirtschaftsmuseum

Das Niederbayerische Landwirtschaftsmuseum, eines der modernsten Museen Bayerns, demonstriert 150 Jahre Bauerngeschichte. *Schulgasse 2, tgl. 10—17 Uhr*

RESTAURANTS/ÜBERNACHTUNG

Brauereigasthof Falter

Traditionsreiches Wirtshaus mit üppiger Küche (und 21 Betten). *Am Sand 14, Tel. 09921/942 30, Kategorie 2*

Gasthof zur Post

Die Grundlagen für die gelobten Fleischgerichte kommen frisch aus der Metzgerei nebenan - man schmeckt's. *Lalling, ca. 20 km entfernt, Hauptstraße 10, Tel. 09904/ 5 02, Kategorie 3*

Mühl

Nicht nur Restaurant, sondern auch eine stilvolle Unterkunft ist das Landhotel Mühl 6 km außerhalb. Auch geräumige Apartments. Beim Hütten- und Tanzabend singt der Wirt abends noch wirklich selbst. *80 Betten, 94209 Schweinhütt, Tel. 09921/ 95 60, Kategorie 2*

Poschetsried

Der Gutshof mit Pension bietet ruhiges Quartier und Blick auf die Bergkette. *73 Betten, Poschetsried 50, Tel. 09921/8 80 30, Fax 88 0350, Kategorie 3*

Waldferiendorf

Ferienhäuser mit bis zu 120 qm Wohnfläche, teilweise mit offenem Kamin. *Waldferiendorf Regen,*

Haus Nr. 2, Tel. 09921/34 21, Fax 76 17, Kategorie 3

SPIEL UND SPORT

Regen ist ein Ort für passionierte Angler (Jahresfischereischein erforderlich) und natürlich Wassersportler, die herrliche Wildwassertouren mit Kanu und Schlauchboot suchen. Der *Flugsportverein Zellertal (Tel. 09945/504)* bietet Rundflüge an.

Wanderer fahren mit dem »Böhmerwaldcourier« von Deggendorf, Regen, Grafenau über Bayerisch Eisenstein an den Spitzberg und nach Klattau *(Informationen Tel. 09925/327)*.

AM ABEND

Zur Abwechslung mal ins Eiscafé *La Gondola (Unterer Sand 9)*, in die ✝Disko *Martinique (Hofbauerstr.)* oder eben doch zum Heimatabend.

AUSKUNFT

Verkehrsamt im Landwirtschaftsmuseum, Schulgasse 2, 94209 Regen, Tel. 09921/29 29, Fax 60 43 3, www.regen.de

ZIELE IN DER UMGEBUNG

Bischofsmais (120/C 1)
Erholungsort in schöner Waldlandschaft mit Geiskopfbergbahn (ganzjährig), Naturdenkmal Teufelstisch und einem *Ferienpark* mit 1000 Betten, Gesundheitszentrum, Kinderpark *(Tel. 09920/18 10, Kategorie 2)*. Bischofsmais ist als Wintersportort und Sommerfrische gleichermaßen beliebt. Außerhalb des Ortes in *St. Hermann* ein 650 Jahre altes Wallfahrtsheiligtum mit Kirche, Rundkapelle und Einsiedelei. Die gesammelten Votivgaben stammen aus vier Jahrhunderten. Jährlich am 10. und 24. August »Hirmon-Kirwa«.

Das Wallfahrtsheiligtum St. Hermann bei Bischofsmais

Burg Weißenstein mit herrlicher Aussicht auf die Bergkette

Burg Weißenstein (121/D 1)

In dem schön gelegenen Dorf treten die Quarzriffe des Pfahl an den Tag. Die Burg, zerstört im Dreißigjährigen Krieg und bis 1974 Wohnsitz des Dichters Siegfried von Vegesack, beherbergt heute in einem Turm ein *Literaturarchiv* und ein *Museum* mit sakraler Kunst, Geologie- und Geräteausstellung, Flachs und Leinen. Zu sehen ist an dem ☟ aussichtsreichen Bergfried obendrein die größte Schnupftabaksammlung der Welt, die sogar im Guinness-Buch der Rekorde steht. Museum *Im Fressenden Haus, Mitte Mai—Okt. tgl. 9.30—12 und 13—16.30 Uhr*

Datting (121/D 2)

★ In Datting, einer kleinen Ortschaft oberhalb von Lalling, stehen einige der am besten erhaltenen Waldlerhäuser des Bayerwaldes, das ganze lebendige Dorf steht unter Denkmalschutz.

Deggendorf (120/B 3)

Auf dem Weg zur Donaustadt muß man an der romantischen *Burg Egg* (vor Metten) vorbei, ein Schloß im mittelalterlichen Stil, einsam im Wald gelegen (komfortables *Schloßhotel*). Eine typisch bayerische Burganlage mit Graben, Zugbrücke, Torturm, Kapelle und Wirtshaus (Besichtigung von April bis Okt.). In Deggendorf (32 000 Ew.), Tor zum Bayerischen Wald, herrscht die Geschäftigkeit einer Ämter- und Einkaufsstadt, die sogar über Werften verfügt. Die bayerischen Herzöge bauten auf der ehemaligen Keltensiedlung Mitte des

13. Jhs. eine architektonisch ausgetüftelte Stadt. Von den mittelalterlichen Bauten sieht man am heutigen Marktplatz mit den schönen Brunnen einen typisch niederbayerischen *Stadtturm* (15. Jh.) und das freistehende *Rathaus* (1535); die Altstadtgassen beheimaten alte Wirtshäuser (berühmte Weißwürste im Bräustüberl der Brauerei Bayer). Der Barockkirchturm der Grabkirche *Peter und Paul* gilt als einer der schönsten Bayerns, in der Pfarrkirche *Mariä Himmelfahrt* steht ein großartiger barocker Marmoraltar. Die *Heilig-Grab-Kirche* wurde als Sühnekirche errichtet, nachdem Deggendorfer Juden wegen eines angeblichen Hostienfrevels erschlagen worden waren. Als »Deggendorfer Gnad« ist sie Zentrum einer Wallfahrt. ⚜ Aussicht vom *Ulrichsberg,* einer Burg hoch über der Stadt, oder vom Hausberg *Rusel* (856 m). Von Deggendorf aus lohnt sich ein Abstecher in die *Asamkirche* von *Osterhofen-Altenmarkt,* eine der schönsten spätbarocken Kirchen. In *Loh* bei Stephansposching finden Kunstliebhaber in der herrlichen *Rokokokirche* ein kleines Schatzkästlein. In ==Gotteszell== alte Totenbretter, *Brauereimuseum* und *Zisterzienserkloster* mit Asamchorfresko. Im Erholungsort *Ruhmannsfelden* gibt es den letzten der hier vor 300 Jahren entstandenen Handdruckbetriebe, der die vordem verbreitete Zunft der Blaufärber am Leben hält. Das Feriengebiet Bernrieder Winkel hat eine erstaunliche Dichte guter Hotels und Gasthöfe.

Lallinger Winkel (121/D 3)
Nicht nur die klimatischen Verhältnisse begünstigen die Gegend um Lalling, die von Bergen umschlossen ist und sich zur Donauebene hin öffnet. Die Lallinger Schneeglöckchenwiese mit Zigtausenden von Blüten ist eine botanische Besonderheit, die Obstbaumblüte im Mai mit Kirsch- und Pfirsichblüten beeindruckend. Der 1011 m hohe ⚜ Brotjacklriegel ist Fernseh- und Aussichtsturm, im Sommer auch bewirtschaftet. In Büchelstein servierte 1847 eine Wirtin ihren berühmten »Pichelsteiner« Gemüseeintopf, zu dem drei Sorten Fleisch gehören. Mit dem Büchelsteinerfest in Frattersdorf wird jährlich daran erinnert.

Metten (120/A 2)
Aus der fruchtbaren Donauebene winken die Zwiebeltürme des Benediktinerklosters schon von weitem. Es ist eines der ältesten in Bayern, gegründet um 770. Von dem stolzen Rodungskloster aus wurde ein großer Teil des Bayerischen Waldes erschlossen. Karl der Große verlieh der Abtei Königsschutz und Immunität, noch heute wird hier sein Todestag feierlich begangen. Die Mönche und ihre Baumeister schufen einen prunkvollen barocken Kirchenbau (das Altarblatt stammt von Cosmas Damian Asam, die Stuckplastik von F. J. Holzinger) und vor allem ★ eine hochbarocke und ==weltberühmte Bibliothek== von 1720, die allein schon den Besuch lohnt. Stukkateur war F. J. Holzinger. Die Themen der Bücherschränke sind figürlich dargestellt, die Gewölbe werden von Herkulesgestalten getragen. Ein weiteres Rokokokleinod ist der Festsaal des Klosters von 1734. *Führungen durch einen Mönch, meist um 10 und 15 Uhr*

Niederalteich (120/C 4)

Die Niederlassung der Benediktiner ist wie Metten ein bayerisches Urkloster, gegründet 731 vom Agilolfingerherzog Odilo II. Die Güter des Rodungsklosters reichten seinerzeit bis in die österreichische Wachau. Von den ersten Kirchenbauten ist nichts mehr vorhanden, die mächtige Anlage aus dem 18. Jh. zeigt sich als barockes Gesamtkunstwerk. Besonderheiten: Messen nach byzantinischem Ritus, eine historische Klosterschenke.

Regener See (113/F 6)

Mit dem Bau eines Kraftwerks entstand 1955 ein 2 km langer See mit 150 m langer Staumauer, der heute auch als Bade- und Wassersportsee genutzt wird.

Rinchnach (114/B 6)

Um das Jahr 1000 gründete der Mönch Gunther zuerst eine Einsiedelei, dann ein Kloster. Rinchnach gilt seither als älteste Kulturstätte des mittleren Bayerischen Waldes, die Kirche aus dem 18. Jh. loben die Einheimischen als schönsten Barockbau des Waldes. Die Einwohner des »Klosters«, wie der Ort im Tal der Ohe genannt wird, feiern ihren Gründer vierjährlich mit Freilichtspielen (wieder 2002). Beim »Wolfauslassen« im November, einem Brauchtum mit Kuhglocken und Geißlschnalzen, liegt ein gespenstischer Lärm über der ganzen Gegend. *Auskunft: Tel. 09921/58 78*

VIECHTACH

(112/C–D 4) Vermutlich war es eine Furtstelle über den Schwarzen Regen, die zur Erstbesiedelung führte (das Wappen der Stadt zeigt kein Vieh, sondern eine Fichte). Bewegte Vergangenheit: Nach den Klosterbrüdern von Metten kümmerten sich die Grafen von Bogen um das »Viechtreich«. Der Graf zog aber schließlich ins Heilige Land zum Kreuzzug und betraute wiederum die Mönche, diesmal die vom Kloster Windberg, mit der Siedlung. Durch seine Lage an der Handelsstraße Baierweg (Straubing–Böhmen) entwickelte sich der Ort zu einem ansehnlichen Handelsplatz. Aber es kamen die Schweden im Dreißigjährigen Krieg (aus dieser Zeit stammen die »Schrazellöcher«, unterirdische Gänge), dann plünderten und brannten die Panduren. Der Luftkurort (8000 Ew.) wurde für Maßnahmen zur Erhaltung historischer Kulturlandschaften ausgezeichnet und vergibt ein Siegel für umweltfreundliche Herbergen.

Für Viechtach spricht das milde Klima. Wegen der wenigen Bewölkungsstunden wurde hier die deutsche Satellitenbeobachtungsstation eingerichtet. Schauen Sie sich auf einem Spaziergang die Rokokopfarrkirche St. Augustinus (1766) und das barocke Rathaus an.

BESICHTIGUNGEN

Gläserne Scheune

Der Glasmaler Rudolf Schmid arbeitet seit 1980 an seinem Lebenswerk: Er will einen alten Heustadel in ein gläsernes Monument umwandeln. Statt der Holz- entstehen riesige Glaswände, bemalt mit Motiven aus den Weissagungen des Waldpropheten Mühlhiasl. Eine Vielzahl großer, reich bemalter Glasscheiben ist bereits fertiggestellt. In ein 30 Zentner schweres Scheunentor hat Schmid die Szenerie »Wilde Jagd« eingeschnitzt. So ist Viechtachs Ortsteil Blossersberg seither Magnet für Touristen. *Raubühl 3, April bis Sept. tgl. 10–17 Uhr, Okt. tgl. 10 bis 16 Uhr*

Großer Pfahl

100 bis 300 Millionen Jahre alt ist der Pfahl (S. 16), ein 150 Kilometer langer Gesteinszug (auch »Teufelsmauer« geheißen), der den Bayerwald durchschneidet, nur an wenigen Stellen ist er oberirdisch sichtbar. Im Naturschutzgebiet bei Viechtach zeigt er ein bis zu 35 Meter hoch aufragendes, bizarres Quarzfelsenriff.

Neunußberg

Die renovierte Burgruine aus dem 14. Jh. ist im Sommer Kulisse für Burgfestspiele *(tgl. geöffnet, notfalls Schlüssel im Bauernhof).*

Vogelpark

Über 600 Vögel in 130 Arten und Unterarten, *Nähe Höllensteinsee, April–Okt. tgl. 10–18 Uhr*

Zu Ausflügen laden die bewirtschafteten Berghütten am ☀️ Distelberg und ☀️ Kronberg. Auf der Burgruine Altnußberg steht ein ☀️ 20 m hoher Turm.

Die Ägayrischen Gewölbe

Das Museum mit dem seltsamen Namen, eine Raritätensammlung altägyptischer und griechischer Kunst (angeblich einmalig in Europa), zeigt »Altes und Neues aus der alten und der ganz alten Welt«. Es sind keine Originale, aber sehenswerte Repliken

---

Der Mühlhiasl – der Waldprophet

Volksfrömmigkeit und heidnischer Aberglaube schufen im Bayerischen Wald nicht nur eine vielfältige kultische Tradition, vom christlichen Emmausgang bis zu den Umtrieben der heidnischen Rauhnächte. Aus der Überlieferung stammen auch Sagen, Geschichten und vor allem ein Prophezeiungsmythos, der in Deutschland einmalig ist. Der Mühlhiasl (sprich: Muihiasl), ein Müllerssohn aus Apoig beim Kloster Windberg, sah sich im 18. Jahrhundert »herausgenommen aus der Zeit, daß ich schaun kann, was kommt, als wär's schon da«. Volkstumsforscher vermuten den Ursprung seiner von Mund zu Mund getragenen Geschichten in mittelalterlichen Wanderprophezeiungen, gespeist quasi aus einem Urwissen der kulturgeschichtlichen Menschheit. Der Wundermann aus dem Waldgebirge prophezeite: Der »Wald aber wird so licht werden wie des Bettelmanns Rock«, Holz werde »so teuer wie das Brot«. Dann komme endlich »das große Abräumen«: »Das Bayerland wird verheert und verzehrt, s' Böhmerland mit dem Besen auskehrt. Der Wald wird öd... die Leute werden krank und niemand kann ihnen helfen.«

der Weltkulturen, wie z.B. der Kopf der Nofretete. Die Ausstellung in der Kapelle des Bürgerspitals zeigt glitzernde Kristalle. *Spitalgasse 5, April–Okt. tgl. außer Mo 10–16 Uhr*

Kunsthaus Ostbayern
Die größte Galerie des Bayerischen Waldes zeigt Ausstellungen heimischer Künstler. *Stadtplatz 1, Di–Fr 10–12 und 14–16 Uhr, Sa, So 14–17 Uhr*

RESTAURANT

Seeblick
ᗑ Ausflugsrestaurant mit schöner, hoch gelegener Terrasse am Höllensteinsee. *Tel. 09941/84 00, Kategorie 3*

EINKAUFEN

Glasobjekte in den *Werkstätten Arnbruck, Weinfurtner;* Mitbringsel in der *Viechtachter Kunststube* am Stadtplatz.

HOTELS

Angerhof
Gepflegter Komplex im Bergdorf St. Englmar, Blick über den Ort ins Donautal, Top-Freizeitangebote für Baden und Sport. *120 Betten, Am Anger 38, Tel. 09965/18 60, Fax 186 19, Kategorie 1*

Miethaner
Schön gelegen ist der gutbürgerliche, ruhige Gasthof in Höllenstein am Höllensteinsee mit Angeln und Bootsfahrten. *67 Betten, Höllenstein 12–13, Tel. 09941/95 30, Fax 95 31 99, Kategorie 3*

Schmaus
Modernes Kur- und Sporthotel mit Hallenbad. Empfehlenswert: ein Mahl aus der Feinschmeckerküche im Haus. *74 Betten, Stadtplatz 5, Tel. 09942/941 60, Fax 94 16 30, Kategorie 2*

SPIEL UND SPORT

Hallenbäder und ein Waldbad in Stoaberg, 9 Kneipp-Becken. Das Freibad am Großen Pfahl mit Freizeitanlage gilt als schönstes der Region. Bootfahren und Angeln auf dem Höllensteinsee. Plätze für Eislauf und Eisstockschießen, Tennis, Reiten. Eine *Wanderbahn* mit alten Dieselloks fährt *So 9.40, 13.40 und 17.10 Uhr* von Viechtach nach Gotteszell.

AM ABEND

Diskothek ⟨ᛯ⟩ *Limit-New* mit *Bistro-Bingo, Ringstraße 6*

AUSKUNFT

Kurverwaltung im Rathaus, 94234 Viechtach, Tel. 09942/16 61, Fax 61 51, www.viechtach.de

ZIELE IN DER UMGEBUNG

Bogen (119/E 2)
Die Grafen von Bogen residierten (bis 1242) fein auf dem Berg; ihr weißblaues Rautenzeichen wurde durch Heirat und Erbschaft Besitz der Wittelsbacher und damit später bayerisches Landeswappen. Vom schönen Stadtplatz führt ein stimmungsvoller Kreuzweg auf den Bogenberg (120 m über der Donau) mit ausgedehnten Wallanlagen. Die *Wallfahrtskirche* (älteste Wallfahrtskirche Bayerns) ist seit 500 Jahren am Pfingstsonntag Ziel einer Prozession mit einer 13 Me-

ter hohen Kerze. Auf dem Bogenberg gibt's eine 🌺 aussichtsreiche Terrassen-Gaststätte.

Mitterfels   (119/D 1)

Von der alten Lehensburg der Grafen von Bogen steht noch eine Halbruine mit gewaltigen Ringmauern und breitem Burggraben. Bis ins 19. Jh. war der Ministerialsitz der Herren von Mitterfels unter der Krone Bayerns ein bedeutendes Pflegegericht (heute ein interessantes *Heimatmuseum*). Der Luftkurort (2000 Ew.) liegt anmutig auf einem Felsrücken über dem Perlbachtal. Die reizvolle Lage auf dem Plateau führte schon in früher Zeit zu dem Namen »Bayerisches Jerusalem«. Wer gar nicht wieder weg möchte, dem sei das Hotel und Restaurant *Burg Falkenfels* empfohlen, nur sieben km weiter westlich bei Ascha gelegen *(Familie Lipski, Burgstr. 8, 94350 Falkenfels, Tel. 09961/63 85, Fax 16 11, Kategorie 2).*

St. Englmar   (112/C 6)

Der kleine Luftkurort (1400 Ew.) mit modernen Hotels, entstanden aus einer Einsiedelei des 1120 ermordeten Eremiten Englmar, beeindruckt aufgrund seiner aussichtsreichen Höhenlage am Pröller (1048 m). Bekannt ist vor allem das Englmarisuchen am Pfingstsonntag. Dabei wird eine bekleidete Holzstatue des Dorfpatrons versteckt. Der Brauch erinnert daran, daß der Knecht des Grafen von Bogen den Gottesmann umbrachte, weil er die Mühe scheute, im Winter Lebensmittel auf den Berg zu bringen. Die Leiche wurde erst im Frühjahr gefun-

den. Am Proller entstand inzwischen ein hochmoderner Skizirkus mit 14 Liften und 49 Kilometer maschinell gespurten Langlaufloipen.

Windberg   (119/E 1)

Die Klosteranlage der Prämonstratenser in dem kleinen Ort bei Bogen hat bis heute ihren spätmittelalterlichen Charakter bewahrt. Das Kleinod auf einem Höhenzug des Südausläufers des Bayerwaldes ist eine Gründung der Grafen von Bogen von 1142, es zeigt eine einzigartige romanische Portalskulptur aus dem 13. Jh. und wertvolle Handschriften. In der bewegten Geschichte der Niederlassung taucht auch der Waldprophet Mühlhiasl auf, geboren in der Mühle Apoig am Fuße des Klosters. Seit 1923 leben hier wieder Mönche.

ZWIESEL

(114/B 5) Die Lage im Talbecken des Bergdreiecks Arber-Falkenstein-Rachel hat dem Zentrum der Glasindustrie eine ansehnliche Touristenschwemme beschert, doch der Boom ging freilich nicht spurlos vorüber. Kaum ein Ort ist so geputzt und geschniegelt wie die Glasstadt (10 000 Ew.). Es gibt dafür ein beträchtliches Urlaubsangebot mit Museen, Glashüttenbesichtigungen, Glashüttenabenden, 200 km markierte Wanderwege und hervorragend ausgebaute Wintersportmöglichkeiten (mit Slalom-Weltcuprennen).

Der Name Zwiesel kommt von »Zwisl« = Gabelung und weist auf die Lage der ehemaligen Säumerstation auf dem mittelalterlichen Handelspfad am

Zusammenfluß von Großem und Kleinem Regen hin. Im August und September zeigt die Ausstellung »Zwieseler Buntspecht« Werke heimischer Künstler. Der »Zwieseler Fink« ist ein Preis zur Erhaltung von Volksmusik und Brauchtum, er wird jährlich im September vergeben, begründet von Paul Friedl, genannt »Baumsteftenlenz«.

Wie Perlen an einer Schnur reihen sich rund um die Stadt berühmte ★ alte Glasmacherorte. Nach *Oberzwieselau* pilgerten um die Jahrhundertwende führende Jugendstilkünstler wie Richard Riemerschmid (Schauspielhaus München, 1901), um hier avantgardistisches Gebrauchsglas zu entwerfen. Aus dem nahen *Buchenau*, 950 m hoch im tiefsten Wald gelegen, kam das legendäre Farbtafelglas. Von der Glasfabrik *Spiegelhütte* am Hang des riesenhaften Falkenstein hat sich nur die Schleiferei erhalten, das örtliche Museum zeigt heute Tierpräparate. In *Lindbergmühle* wird in einem Kleinstbetrieb von zwei, drei Leuten ausgesprochen eigenwilliges Glas geblasen (Besichtigung möglich).

Im Glasmacherort *Ludwigsthal*, benannt nach König Ludwig, stehen Herrenschloß, Glashäuser und eine Kirche im byzantinischen Stil, deren Innenraum bis auf den letzten Zentimeter im Jugendstil bemalt wurde. Die weltentrückte Atmosphäre entsteht aus dem Widerschein der Kerzen in den prächtigen Mosaiken. Auf dem Weg nach Bayerisch Eisenstein liegt *Seebachschleife,* das letzte noch vollständig erhaltene Glasschleiferdorf.

Es steht unter Ensembleschutz und zeugt vom Stil des bayerisch-böhmischen Grenzgebietes. Das *Zwieslerwaldhaus* ist Ausgangspunkt für interessante Wanderungen in Naturschutzgebiete; hier steht auch das älteste Wirtshaus des Bayerischen Waldes (das *Schwellhäusl* am See, nur per halbstündigem Fußweg zu erreichen). Das etwas abseits gelegene Waldlerdorf *Lindberg* ist Ausgangspunkt für Schachten-Wanderungen. Im Bauernhaus mit seinem *Wirtshaus zur Bärenhöhle* gibt es den Bärentrunk, ein nur für den örtlichen Ausschank gebrautes Bier.

BESICHTIGUNGEN

Glashütten

In der Glasstadt arbeiten drei auf Massenfertigung ausgerichtete Glashütten, die größte davon ist die *Schott-Zwiesel-AG* mit einem Ausstoß von 300 000 Gläsern pro Tag (1800 Beschäftigte). In der *Klokotschnik-Bleikristallmanufaktur (Frauenauer Str. 110)* wird in Handarbeit ausschließlich Bleikristall mundgeblasen. Hüttenbesichtigung an Werktagen. Empfehlenswert auch die Betriebe rund um Zwiesel, besonders in Frauenau.

Kleines Schloß

Ehemaliges Herrenhaus der Theresienthaler Krystallglasmanufaktur. Das »Schloß« beherbergt eine der schönsten Sammlungen alter Gläser. Die Tradition der Glasmanufaktur nebenan reicht zurück bis ins 15. Jh. In der heutigen Form als reiner Mundblas- und Handarbeitsbetrieb steht sie seit 1836. *Ortsteil Theresienthal, Mo–Fr 10–14 Uhr*

Köhlerei
Köhlerei Häusler in Zwieselau. *Mo—Do 13—16, Fr 10—12 Uhr*

St. Nikolaus
Neugotischer Backsteinbau von 1896, der wegen des imposanten, 84 m hohen Turmes auch »Dom des Bayerischen Waldes« genannt wird (der andere »Dom« steht in Waldkirchen).

AUSSICHT

Von den umliegenden Bergen Falkenstein, Arber, Rachel; im Ort vom Zwieselberg.

MUSEEN

Bauernhausmuseum
Ensemble mit möbliertem Haupthaus, Austragshaus, Holzkapelle, Wirtshaus. Besonders sehenswert: die Sammlung alter Totenbretter. *Ostern bis Okt. tgl. 10—17 Uhr in Lindberg*

Glasmuseum
Von den vielen Glasausstellungen in und um Zwiesel ist das Museum in Frauenau perfekt gestaltet und spannt seinen Bogen über 2500 Jahre Glasgeschichte, vom altägyptischen Sandkerngefäß bis zum Art déco. *Frauenau, Am Museumspark 1, 15. Mai—31. Okt. tgl. 9—17, sonst 10—16 Uhr*

Spielzeugmuseum
Sammlung von alten und neuen Spielsachen, große Modelleisenbahnanlage. *Stadtplatz 35, tgl. 10 bis 17 Uhr, Juni—Sept. 9—17 Uhr, Nov. bis Weihnachten geschl.*

Waldmuseum
★ Die reichen Sammlungen zeigen Flora und Fauna des Bayerischen Waldes, präsentieren Glasmacherkunst und bäuerliches Arbeitsgerät. Sie haben das Waldmuseum zum meistbesuchten Provinzmuseum Deutschlands gemacht. *Stadtplatz 29, 15. Mai bis 15. Okt. Mo—Fr 9—17, Sa, So und feiertags 10—12 u. 14—16 Uhr, Okt. bis Mai Mo—Fr 10—12, 14—17, Sa, So und feiertags 10—12 Uhr, Nov. geschl.*

EINKAUFEN

In der Glasstadt kauft man Bleikristall oder handgeblasene Studiounikate. Günstige Gelegenheiten bietet der Werksverkauf. Den Bärwurz, im Volksmund »Bayerwald-Diesel« genannt, können Sie in Probierstuben kosten.

HOTELS/RESTAURANTS

Bergfeld
Kurhotel in Parknähe, mit Schwimmbad und Stadtblick. *45*

Ehemalige Bauernhausküche im Museum bei Zwiesel

Betten, Hochstr. 45, Tel. 09922/ 85 40, Fax 85 41 00, Kategorie 3

Eibl-Brunner

Ferienhotel im Familienbetrieb mit Apartments, Hallenbad, Sauna. *100 Betten, Frauenau, Hauptstr. 18, Tel. 09926/95 10, Fax 95 11 60, Kategorie 2*

Magdalenenhof

Ortsrandlage mit Bayerwald-Panorama, alle Zimmer mit Balkon. *70 Betten, Ahornweg 17, Tel. 09922/85 60, Fax 67 08, Kategorie 2*

Pension Sonnleitn

1998 wurde dieses Hotel als »nationalparkfreundlich« ausgezeichnet, vielleicht auch, weil es ausschließlich Nichtraucherzimmer gibt. Große Zimmer, deftige Brotzeiten im rustikal eingerichteten Restaurant. Kostenloser Service für Wanderfreunde (Karten usw.). *Büchelweg 6, 34 Betten, Tel. 09922/18 24, Kategorie 3*

Waldbahn

Renovierter alter Gasthof mit gutem Essen, gegenüber dem Bahnhof, gediegen. *60 Betten, Bahnhofsplatz 2, Tel. 09922/30 01, Fax 85 72 22, Kategorie 2*

Nahezu jede Möglichkeit für Sommer und Wintersport, Kursangebote bis hin zu Fackelwanderungen mit »zünftigen Hüttenabenden«. Freibad mit Hallenbad, Sauna, Solarium, Eissportplatz, *Badstr. 4*; Tennis und Kegeln, *Badstr. 3*; Minigolf im Azur-Ferienzentrum, *Waldesruhweg 34*.

Ski: Lifte am Glasberg und in Rabenstein, Langlaufloipen ab Skistation *Rockkeller Straße*.

Kurverwaltung, Stadtplatz 27, 94227 Zwiesel, Tel. 09922/ 84 05 23, Fax 56 55, www.zwiesel.de

Falkenstein (114/B 4)

Die Tour zum Großen Falkenstein (1312 m) führt durch Urwaldgebiete, berührt die freundlichen Glashüttenorte Frauenau, Buchenau, Spiegelhütte. Am *Forsthaus Scheuereck* kann man noch mal auftanken, dann geht's über die Höllbach-Schwelle zum Gipfel. Vorbei an dem wild tosenden Wasser im Höllbachgespreng. Der Weg über die Schachten führt zu den nackten Stellen des Kammes, früheren Stierweiden, von wetterharten Hirten betreut. Eine Zauberwelt für sich. Nachtquartier findet man in den Schutzhütten.

Frauenau (114/C 6)

Im ★ »Gläsernen Herz des Bayerischen Waldes« liegen die weltbekanntesten der Bayerwald-Glashütten. Die eine ist die älteste Glasfabrik der Welt, seit 1568 im Besitz des einflußreichsten Hüttenherrengeschlechts, derer von Poschinger *(Fabrikbesichtigung mit Film Mo—Fr 9—15 Uhr)*. Die andere ist die des modernen Glaskünstlers Erwin Eisch. Unter dem Motto »Poesie in Glas« werden in seinem Betrieb wertvolle Einzelstücke gefertigt. Frauenau ist immer wieder Treffpunkt internationaler Glassymposien. Einzelne Geschäfte bieten ausschließlich qualitätvolles Studioglas an. Ein *Glasmuseum* zeigt die Entwicklung der Glasproduktion. Die langjährige Wohlhabenheit des Ortes demonstriert die prächtig ausgestattete Pfarrkirche. Im Winter gibt es in Frauenau in den »Rauhnächten« maskierte Perchten, im Sommer Hüttenfeste en masse. Der Trinkwasserspeicher am kleinen Regen nordöstlich von Frauenau wurde 1989 in Betrieb genommen, um die durch hohen Verbrauch gefährdete Wasserversorgung der Region zu sichern. Er war bis dahin mit 83 Metern (bei 640 Metern Länge) der höchste Damm in Deutschland. Das Speichervermögen beträgt zwanzig Millionen Kubikmeter.

Rabenstein (114/B 5)

Kleines, idyllisches Bergdorf am Fuße des Hennenkobel (974 m). Hier ging 1421 die erste Glashütte um Zwiesel in Betrieb. Sehenswert das *Poschingersche Schloß* in der Stormberger Straße. Baron von Poschinger ließ es vor rund hundert Jahren errichten. Rabenstein gilt als Geburtsort des legendären Aschenbrenners und Propheten Stormberger/Mühlhiasl.

Glaskünstler aus Frauenau, dem »Gläsernen Herzen des Bayerischen Waldes«

Die Ilz und das Dreiburgenland

Der untere Bayerische Wald: ein Goldener Steig, poetische Landschaften und die »Neue Welt«

Der Nationalpark ist die Schatztruhe des Bayerischen Waldes geworden. Um seine Urtümlichkeit zu erhalten, werden die Hochwälder um die Berge Rachel und Lusen seit 1970 weder weiter besiedelt noch bewirtschaftet. Ein Territorium erstklassiger Attraktionen, mit echten Naturerlebnissen und einem berühmten Tierfreigelände, in dem Bären, Wölfe und Wisent leben.

Der Untere Bayerische Wald hat, allein schon aufgrund der Naturschutzzonen, der Nähe zu Österreich und Tschechien und der neuen Besuchsmöglichkeiten jenseits der offenen Grenze größte Anziehungskraft. Er sei »nicht ein Wald wie sonst einer« und »so schwarz wie sonst keiner«, schrieb der Dichter Georg Britting. Eine poetische Landschaft. Im Waldgebirge reiht sich »Waldwoge an Waldwoge, bis eine am Horizont die letzte ist und den Himmel schneidet«.

Einen herrlichen Blick über den Rachelsee haben Sie von der Rachelkapelle hoch am Hang

Und der Philosoph Friedrich Nietzsche schrieb über das Nationalparkdorf Klingenbrunn: »Der Ort ist sehr gut, tiefe Waldung und Höhenluft … Mit seeligen Nüstern atme ich wieder der Berge Freiheit!«

Der Wechsel von Bergen und Tälern, Wiesen und Wäldern, von Flüssen und Seen macht das Land reizvoll und kurzweilig. Moore und Bäche, kleine Dörfer und barocke Kirchlein, rauhes Klima und karge Böden, ein derber Menschenschlag, das sind die Merkmale, die der Gegend ihren besonderen Charakter verleihen.

Aus der Heimat der Glasmacher um Zwiesel kommen wir in das Land der Abtei, dem früheren Hoheitsgebiet der Fürstbischöfe zu Passau. Es ist eine sehr spät urbar gemachte und besiedelte Gegend, erschlossen durch den mittelalterlichen Salzhandelsweg nach Böhmen, den »Goldenen Steig«. Der Kamm der Berge führt entlang der tschechischen Grenze zum Dreisessel über die »Neue Welt« um Breitenberg bis zur imposanten Stromlandschaft der Donau.

Die Ilz war 800 Jahre lang (bis 1803) Grenzfluß zwischen Bayern im Westen und dem fürstbischöflich-passauischen Land. Die Burgen entlang dem Fluß dienten zum Schutz der Grenze und des Salzhandelsweges Goldener Steig von Passau nach Böhmen. Das Tal der Ilz bildet urtümliche Schluchten, ihr schwarzes Wasser verdankt sie dem hohen Gehalt an Humussäure, ihr Name ist keltischer Herkunft und stammt von *iliza* = fließen.

Die Welt Adalbert Stifters entdecken wir im Dreiländereck bei Haidmühle. Das Waldgebirge mit dem Plöckenstein in Österreich steigt hier auf fast 1400 Meter an. Das Dreisessel-Massiv selbst ist 1330 Meter hoch und ragt mit mächtigen Granitblöcken in den Himmel. Der Berg hat Gebirgscharakter und ist geologisch besonders interessant.

Schon der Name Dreiburgenland drückt den ganz speziellen Reichtum dieser lieblichen Landschaft, im vorderen Teil dieser Region, rund um Tittling aus. Eines der »drei Waldschlösser«, wie dieses Burgenland bis zum Ersten Weltkrieg umschrieben wurde, die Engelsburg, ist dabei eine Anlage von besonderem Reiz. Ein wenig liliputartig, putzig, idyllisch. Der Adelssitz wurde seit Mitte des letzten Jahrhunderts zu einer der ersten Sommerfrischen im Bayerischen Wald ausgebaut (heute Hotelpension). Mit Ausstrahlung und Ruhm dieser »Perle« vergleichbar ist heute das Museumsdorf gleich nebenan, am Rotthauer See bei Tittling. Als Ensemble historischer, ländlicher Bauten ist es mit ca. 50 Gebäuden vermutlich die größte und bestimmt eine der interessantesten Freilichtausstellungen Deutschlands.

In Fürstenstein (und rund um die Stadt Hauzenberg) finden Sie übrigens riesige Brüche für den Abbau des bekanntesten Rohstoffes des Bayerwaldes: Granit. Die Zahl der Steinarbeiter überstieg hier nach 1885 die Zahl der Bauern erheblich, und in der großen Wirtschaftskrise von 1929 bis 1933 wurde die Gegend gar zu einer Hochburg der Kommunistischen Partei. Hergestellt wurden vor allem Pflaster- und Randsteine, Monumentalplatten, Quader, Tröge, Säulen und Gesimse. Waldgranit wurde aber auch verwendet beim Bau des Friedenspalastes in Den Haag und der Margarethenbrücke in Budapest. 1992 gelangten die Steinhauer (und damit der sprichwörtliche Dickschädel der Waldler) zu Berühmtheit, weil sie nämlich den längsten Arbeitskampf in der Geschichte der Bundesrepublik geführt hatten.

Als Höhepunkt und krönenden Abschluß, der nicht besser inszeniert werden könnte, belohnt der Weg den Reisenden mit dem Genuß einer historischen barocken Stadt: Passau.

FREYUNG

(**122/C3**) Keimzelle der Stadt ist das Schloß Wolfstein hoch auf einem Felsen nördlich der Stadt über dem Saußbach. Bischof Wolfker von Passau hatte es als Herberge des »Goldenen Steiges« errichten lassen. Um Ansiedler in den Wald zu locken, gewährte der Landesherr um 1300 zeitweise »Befreyung« vom »Zehent«, die Neubauern zogen »in die Freyung«.

Der »Goldene Steig« wurde als Erwerbsquelle später von der Holztrift abgelöst. Die vielen Klausen (Stauseen), nach einem Dichterwort die »Augen des Waldes«, erinnern daran. Freyung (7000 Ew.) am Südostrand des Nationalparks, umrahmt von waldbedeckten Höhen, ist längst anerkannter Luftkurort. Die langen Winter ließen mit Beginn der Tourismuswelle »weißes Gold« schneien. Aufgrund seiner Lage und der touristischen Infrastruktur (Hotel- und Apartmentneubauten, Kurhaus, Gesundheitszentrum und Bungalowsiedlung) ist Freyung ein idealer Ausgangspunkt für Urlaub im Nationalpark. Archäologische Reste des »guldenen Steig« — sogenannte Säumer transportierten jährlich Hunderttausende Zentner Salz — wurden im Wald, so am Ochsenberg zwischen Harsdorf und Freyung, entdeckt.

Auf vier Hauptwanderrouten (gesamt 145 km) werden dem Wanderer eine herrliche, abwechslungsreiche Landschaft und dazu geschichtliche Informationen geboten.

BESICHTIGUNGEN

Ortskern
1872 zerstörte ein Brand den alten Ortskern. Ein Rundgang zeigt immerhin schöne Bürgerhäuser und am Stadtrand das historische *Schloß Wolfstein.* Aussichtsreicher Hausberg ist der ❧ *Geyersberg* (798 m) mit Ferienpark und Kurklinik.

Pfarrkirche Mariä Himmelfahrt
Das alte Gotteshaus fiel dem Brand zum Opfer, die neugoti-

MARCO POLO TIPS FÜR DEN UNTEREN BAYERISCHEN WALD

1 Wilde Tiere
Im Tierfreigelände im Nationalpark warten Luchse, Bären, Wisente und Wölfe (Seite 71)

2 Rachel
Uriger Wald, uralte Bäume und ein Gletschersee (Seite 73)

3 Alte Dörfer
Freilichtmuseen in Tittling und Finsterau zeigen bauliche und bäuerliche Traditionen (Seite 68, 71 und 78)

4 Dreisesselberg
Für jedes Land ein Sessel. Der Dreisesselberg mit seinen Steintürmen liegt im Dreiländereck. Der Weg dorthin führt durchs Steinerne Meer, Adalbert-Stifter-Land (Seite 77)

5 Reschbachklause
Der 8 ha große Stausee bei Finsterau diente zur Holztrift und liegt am waldgeschichtlichen Wanderpfad (Seite 70)

6 Buchberger Leite
Die Buchberger Leite bei Freyung ist eine dramatische Wildbachklamm mit romantischem Wanderweg (Seite 67)

sche Himmelfahrtskirche von 1874 bewahrt aber altehrwürdige Votivstücke wie Passionsgemälde, Vespergruppe und ein sehenswertes Kruzifix von 1730. *Stadtplatz*

MUSEEN

Schloß Wolfstein

Das mächtige Renaissanceschloß, einstiges Jagdschloß der Passauer Bischöfe, beherbergt ein *Jagd- und Fischereimuseum* und eine Galerie mit Arbeiten heimischer Künstler, die einen guten Überblick über die zeitgenössische Kunst des Bayerischen Waldes gibt. *Wolfkersteig 1, tgl. außer Mo 10—17 Uhr*

Wolfsteiner Heimatmuseum

Das »Schramlhaus«, ein um 1700 entstandener Vierseithof, ist das älteste bäuerliche Anwesen Freyungs und zeigt eine umfangreiche Sammlung zur Geschichte und Volkskunde der Gegend. Darunter Trachten und bäuerliches Handwerksgerät, sakrale Volkskunst, Hinterglasbilder und Bauernstuben. *Abteistraße 8, 16. Juni—15. Sept. Di—Fr 15—17 Uhr, sonst Di u. Do 14—17 Uhr, 1. Nov. bis 14. Dez. geschl.*

RESTAURANTS

Hotel Post

Der Familienbetrieb (mit großem Wirtsgarten) bietet eine Kost, die bürgerlich ist und auch gut. *Stadtplatz 2, Tel. 08551/40 25, Kategorie 2*

Landgasthaus Schuster

Exklusives Restaurant, das der Küchenchef selbst als »kulinarisches Kleinod abseits der Gour-

metrouten« bezeichnet. *Ort 19, Tel. 08551/71 84, Kategorie 1*

MARKT

Der Rathausplatz neben dem Kurhaus verwandelt sich jeden Dienstag von 7 bis 13 Uhr zu einem Wochenmarkt landwirtschaftlicher Erzeugnisse.

ÜBERNACHTUNG

Das Angebot an Hotels ist nicht sehr üppig, dafür gibt es traditionelle Gasthöfe, günstige Pensionen, Ferienparks (mit kleinen Familienhäuschen) und Bauernhofangebote (teils mit Ferienwohnungen).

Bierhütte

Der trutzige Bau mit kleinem See vorm Haus war ehedem Waldglashütte und Brauerei, seit 1971 beherbergt er einen hochklassigen Hotel- und Restaurantbetrieb im barocken Stil und nennt sich »Romantik-Hotel«. *85 Betten, 94545 Hohenau, Tel. 08558/961 20, Fax 96 12 70, Kategorie 2, Restaurant Kategorie 1*

Danibauer

In dörflichem Idyll bietet die kleine Pension und Gaststätte im Vierseithof eine ursprüngliche Gastlichkeit. Gleich hinterm Haus beginnen die Wanderwege. Spezialitäten sind hausgemachte Kuchen und selbstgebackenes Brot aus dem Steinbackofen. Idyllischer Biergarten. *12 Betten, Falkenbach 2, Tel. 08551/42 83, Kategorie 3*

Geyersberg

Der Ferienpark ist ein Hochhauskomplex mit Apartments und

Ferienwohnungen, nicht gerade heimelig (ein Beispiel für die Bausünden der Frühzeit), dafür mit Spielplätzen, Minigolf und Panoramablick. Im Haus gibt's Hallenbäder, Saunen und eine medizinische Badeabteilung. *Geyersberg 27–41, Tel. 08551/58 30, Fax 583 13, Kategorie 2*

Glaserhof

Urlaub auf dem Bauernhof in einem der schönsten Dörfer. Der große Glaserhof mit Apartments ist familienfreundlich und preisgünstig. *94143 Grainet, Unterseilberg 6, Tel. 08585/270, Kategorie 3*

Wolfsteiner Ohe

Hotelgasthof in Ringelai, neuzeitlich komfortabel, schön gelegen am Fuße des Naturschutzgebietes Buchberger Leite, mit Hallenbad, Sauna, Tennis und Langlaufloipe direkt vorm Haus. *60 Betten, 94160 Ringelai, Perlesreuter Straße 5, Tel. 08555/970 00, Fax 82 42, Kategorie 2*

SPIEL UND SPORT

Hallenbäder, Kurangebote. Im Sommer, Frühjahr und Herbst interessant: Tennis, geführte Wanderungen in jeder Gemeinde, Reiten. Im Winter Skischulen, Langlauf, Eisstockschießen, Kunsteishalle, Rodelbahnen. Richtig Ski fährt man am besten in Mitterfirmiansreuth, ein Tip für Skilangläufer sind die schneesicheren Haidelloipen bei Grainet. Kutschfahrten gibt's bei *Aloisia Binder, Kreuzberg, Tel. 08551/22 68*

AUSSICHT

Auf dem ✵ Aussichtsturm des Haidl hoch über dem Graineter Kessel Blick über das bayerisch-böhmische Grenzgebirge hinaus zum silbernen Band der Donau.

AM ABEND

Nicht nur für Senioren und für Familienferien organisiert die Stadtverwaltung eine Vielzahl von Folkloreabenden und Kursen. ⚡ Junge Leute treffen sich in den Diskos *Backs-Flash (Schulgasse 17), Fantasy (Speltenbach 33)* oder in der *Tanzbar Calypso (Am Stausee 5)*.

AUSKUNFT

Im Verkehrsamt bekommen Sie ein Unterkunftsverzeichnis und alle Infos, von Wandervorschlägen bis zu Terminen über Heimatabende, Veranstaltungen und Hobbykurse. *Verkehrsamt, Kurhaus, 94078 Freyung, Tel. 08551/588 50, Fax 588 55, www.freyung.de*

ZIELE IN DER UMGEBUNG

Buchberger Leite (122/C 3)
★ Von Freyung aus kommt man (1½ Std. Rundwanderweg) entlang dem Saußbach, dann dem Reschbach und der Wolfsteiner Ohe durch die Buchberger Leite. Sie ist die romantischste Wildbachklamm im Bayerischen Wald mit einer bis 100 m tiefen Talschlucht. Ein zum Teil in den Felsen gesprengter Weg führt zur *Buchbergmühle*, einem ehemaligen Carbidwerk von 1914.

Finsterau (123/D 1)
Der kleine, herbe Ort mit noch vielen für die Gegend früher typischen Granithäusern ist ideal zum Wandern: zum Lusen, an die tschechische Grenze und zum

Die moderne Luftbildarchäologie brachte es an den Tag: Vor rund 4800 Jahren existierte in der niederbayerischen Donauebene die älteste Monumentalarchitektur der Welt. Ihre Spuren liegen metertief unter der Erdoberfläche in der Gegend bei Osterhofen. Untergegangene Zeugen einer eingefriedeten Stadt, etwa so groß wie München im 14. Jahrhundert. Es sind riesige, kreisförmige Erdwälle mit Toröffnungen, komplizierte geometrische Formen, die vermutlich astronomischen Berechnungen dienten. Womöglich ist es der älteste Kalender der Welt — eine Hochkultur, 2000 Jahre älter als das rätselhafte Stonehenge in England, ein kniffliger Fall für die Wissenschaft.

waldgeschichtlichen Wandergebiet im Nationalpark. Ein ★ *Freilichtmuseum* mit Veranstaltungsprogramm (Brotbacken, Dreschen, Kirta = Kirchweihtanz) zeigt Wohn- und Wirtschaftsformen und die bäuerlichen Lebensweisen der Vergangenheit. Im Museum das Gasthaus *Ehrn*, Dorfschmiede und über 20 Waldlerhäuser, *Tel. 08557/960 60.*

Kreuzberg (122/C 2–3)

Das historische Dorf (früher Gereutsberg = gerodeter Berg) liegt auf dem Weg nach Mauth und thront kreisförmig auf einem Bergkegel. Im Fachjargon ein Radial-Waldhufendorf, die Felder der Bauern ordnen sich in Streifen radial um die Siedlung. Von den Dörfern ausgehend wurde der Berg gerodet. Die Wallfahrt zur hl. Anna gilt als eine der ältesten St.-Anna-Wallfahrten in Deutschland. Strahlenförmig laufen die Wallfahrtswege auf die Kapelle zu.

Mauth (122/C–D 2)

Reschbach- und Saußbachtal sind die Klammer für den staatlich anerkannten Erholungsort inmitten tiefer Wälder. Mauth

war eine Mautstätte am Goldenen Steig, dem Salzhandelsweg zwischen Bayern und Böhmen, das Mauthaus aus dem 17. Jh. ist noch erhalten.

Perlesreut (122/B 4)

Der Marktflecken wurde bekannt durch seine Schnupftabakmanufakturen. Ein alljährliches Preisschnupfen findet im Juli statt (Schmalzlerfest). Auf dem ✪ Volksfest müssen die Wettstreiter in möglichst kurzer Zeit 6 Gramm der Tabakmischung mit Butterschmalz, Kalk und Pflanzensäften wegschnupfen.

Der anmutige Ort zwischen Ilz und Ohe war zur Zeit der Passauer Fürstbischöfe Sitz eines Perlenamtes zur Überwachung der Perlfischerei in den Berggewässern. Schöner Wanderweg zur Ruine Dießenstein und zur Wildwasser-Ilz.

Philippsreut (123/E 2)

Seit die Grenzen durchlässig sind, leidet der Ort (980 m) unter dem Durchgangsverkehr nach Tschechien. Dafür ist die Fahrt auf der Landstraße entlang der Grenze über Bischofsreut nach Haidmühle fast schon ein

Naturerlebnis. Sehenswert das nahe gelegene verlassene Dorf Leopoldsreut mit Kirche und Schule. Im Gemeindegebiet liegt das Wintersportzentrum Mitterfirmiansreut am Fuße des Almbergs (1139 m) mit unterschiedlichen Abfahrtspisten. Schöne Wanderung ($2\frac{1}{2}$ Std.) über den Weiler Alpe nach Mauth.

Ringelai (122/B 3)

Der Erholungsort (1800 Ew.) liegt im Tal der Wolfsteiner Ohe. Die geschützte Lage schafft ein mildes Klima. Den Titel »Meran des Bayerischen Waldes« muß sich Ringelai allerdings mit dem Markt Schönberg südwestlich von Grafenau (schöner Marktplatz) teilen. Empfehlenswert die *Pfarrkirche Maria Patrona* Bavariae mit Barockausstattung und der Wanderweg ($2\frac{1}{2}$ Std.) zur Buchberger Leite.

NATIONALPARK

(122/A 1–C 2) Haupteingangstor zum Nationalpark ist der Luftkurort Grafenau (8000 Ew.) geworden, eine Stadtgründung aus dem 11. Jh. am Salzhandelsweg »Goldener Steig«. Grafenau bietet die Infrastruktur einer kleinen Kurstadt und ist neben Freyung, Finsterau, Neuschönau und Zwiesel ein idealer Ausgangspunkt für den »Urwaldurlaub«.

Der Nationalpark Bayerischer Wald ist ein touristisches Ziel erster Klasse mit jährlich fast zwei Millionen Besuchern. Der erste deutsche Nationalpark — bis auf wenige Flecken unbesiedelt — wurde 1970 eingerichtet, um die letzten noch weitgehend ursprünglichen Hochwälder zwischen Rachel und Lusen in ihrer Unberührtheit zu belassen. 98 Prozent des 130 Quadratkilometer großen Gebietes sind mit Wald bedeckt (der übrige Bayerische Wald zu 51 Prozent). Dazwischen liegen Hochmoore, Waldwiesen, Bergseen. Von Menschen weitgehend unberührt, soll die Natur wieder sich selbst überlassen werden. Der Wald wird weder gerodet noch gepflegt. Vom Aussterben bedrohte Tierarten wie Fischotter sollen wieder heimisch werden, ebenso Vogelarten wie Specht, Eule, Auerhuhn, Wanderfalke und Haselhuhn. Kostbarkeiten der Flora wie Alpenmilchlattich, Waldgeißbart und der fleischfressende Sonnentau werden geschützt. Ziel ist es, das Naturschutzgebiet mit dem schon 1963 eingerichteten böhmischen Nationalpark Sumava (Böhmerwald) zu vereinigen, einem Gebiet von 2000 km^2.

Die Bepflanzung im Baummeer besteht aus Fichte, Rotbuche, Weißtanne, Bergahorn, Esche, Bergulme und ab 1100 Meter Bergfichte, Latsche und Spirke (Krummholz- und Bergkiefer). Hier leben Reh und Hirsch, Fuchs, Wiesel, Marder, Dachs, Iltis und Schlangen. Um das Gebiet vor dem Tourismus zu schützen, wurden verschiedene Zonen und Besucherschwerpunkte (mit 19 Parkplätzen) eingerichtet. Die Wanderströme werden gelenkt, die markierten Wege (200 km) dürfen nicht verlassen werden.

BESICHTIGUNGEN

Felswanderzone

Auf vielen Rundwegen kann man immer wieder kraxeln, schöne

Im Nationalparkgehege grasen Wisente wie einst frei im Wald

Aussichten genießen und in dem urwaldartigen Gebiet bizarre Felsbildungen bewundern. Ausgangspunkt ist der gekennzeichnete Parkplatz an der Straße Neuschönau (Abzweigung Nationalparkhaus) nach Mauth.

Klausen
Diese damals zur Holztrift angelegten Stauseen wurden teilweise restauriert. Die größte und schönste Klause, die 8 ha große ★ *Reschbachklause* (1127 m), liegt im waldgeschichtlichen Wandergebiet bei Finsterau. Weitere Klausen: *Martinsklause* (974 m) bei Waldhäuser; *Sagwasserklause* am Lusen; *Steinbachklause* bei Mauth.

Lehrpfade
Durch den *Urwald* führt ein Lehrpfad am Rachelsee in Richtung Kapelle, *Spuren der Eiszeit* zeigt ein Pfad zwischen Racheldiensthütte und See. *Botanische und geologische Ausstellungen* sind am Freigelände am Nationalparkhaus bei Neuschönau anzuschauen. Einen *Waldlehrpfad* gibt es bei Neuschönau und bei Finsterau; ein *Bergbach-Lehrpfad* führt von der Fredenbrücke (1 km unterhalb Waldhäuser) an der Kleinen Ohe bis zur Martinsklause, einem schönen Stausee.

Nationalparkhaus
Neben informativen Ausstellungen gibt es einen Erlebnisraum und ein Pflanzenfreigelände. Viele der Tiere im Wildgehege (2 bis 3 Std. Rundgang) wie Bär, Wolf und Wisent haben sich allerdings häufig in ihrem Terrain versteckt. *tgl. 9—17 Uhr Ausstellungen, Tonbildschauen und Filme (11 und 15 Uhr), Neuschönau, Böhmstr. 35, Tel. 08558/961 50*

Tierfreigelände

★ Vom Parkplatz des Nationalparkhauses führt ein 8 Kilometer langer Weg durch die Gehegezone. Der Rundweg dauert ein bis zwei Stunden. In dem Gelände leben Wisent, Wolf, Braunbär, Luchs, Rothirsch, Wildschwein, Bussard, Storch, Eule und andere. Die Gehege sind groß genug, um sich darin zu verstecken. Nicht immer also bekommt man die Tiere auch zu Gesicht. Aber mit etwas Geduld und Fernglas hat man meistens Glück.

Waldgeschichtliches Wandergebiet

Nördlich von Finsterau, mit Informationstafeln und alten Stauseen (Triftklausen). Die vier Rundwege (1¹/₂ bis 3¹/₂ Std.) zeigen die Geschichte der Holzwirtschaft seit 1700, mit Triftkanälen und Zugbahnen.

AUSSICHT

Für beste Ausblicke stehen die Gipfel von ❀ Lusen und ❀ Rachel: Von hier sieht man auf den Arber, die Alpen und auf den böhmischen Kubani-Urwald. Besondere Aussichtspunkte: ❀ Felsenkanzel oberhalb der *Racheldiensthütte*. Auch das Feldwandergebiet mit Großer Kanzel am Ostrand hat bis 1011 Meter hohe Aussichtspunkte.

MUSEUM

Freilichtmuseum Finsterau

★ Nordwestlich von Finsterau sind historische Bauernhäuser zu sehen; wer will, kehrt in einer Uralt-Wirtschaft ein *(tgl. außer Mo 9–18 Uhr, 25. Dez.–30. April 11–16 Uhr, Okt. 9–16 Uhr, Nov. und 24. Dez. geschl.)*

RESTAURANTS

Rustikale Einkehr bieten das Nationalparkhaus und besonders die *Tafernwirtschaft* im Freilichtmuseum Finsterau. Das *Lusenschutzhaus* am Lusengipfel ist ein schmucker Berggasthof mit Hausmannskost und großer Terrasse *(kein Ruhetag, Tel. 08553/ 12 12, 1. Nov.–24. Dez. und 15. Jan.–Mitte Mai geschl.).* Das *Waldschmidthaus* (**114/C 6**) unterhalb des Rachelgipfels ist im Sommer bewirtschaftet, mit deftiger, einfacher Kost. Die *Racheldiensthütte* (**114/C 6**) am Fuße des Rachels hat ein Berggasthaus, das Rachelschutzhaus *(Nov. bis vor Ostern geschl.).*

Säumerhof (122/A–B 2)

Ein solides, gepflegtes Restaurant mit guter traditioneller Küche, z.B. Wild- und Fischspezialitäten sowie Klassikern wie Knödelsuppe und Schwammerln. *Grafenau, Ortsteil Steinberg, Tel. 08552/24 01, Kategorie 1*

ÜBERNACHTUNG

Das *Waldschmidthaus* (**114/C 6**) beim Rachel ist ein urtümlicher Berggasthof mit kleinen Zimmern, ❀ Ausblick auf den Rachelsee. Die *Jugendherberge in Waldhäuser* (**122/B 1**) ist gut ausgestattet und ein idealer Ausgangspunkt für Wanderungen.

Haus Auersperg (123/F 3)

Am Waldrand bei Haidmühle, ringsum Stille und Natur. Spezialität: Schweinsbackerl. *35 Betten, 94145 Haidmühle, Auersbergsreut, Tel. 08556/960 60, Fax 960 69, Kategorie 2*

Berggasthof Paster (123/D 3)

Äußerst komfortable Pension in Grainet. In diesem Ort drehte das ZDF die Serie »Forsthaus Falkenau«. Ruhige Lage, gute Aussicht von der großen Terrasse. *25 Betten. 94143 Grainet, Hobelsberg 23, Tel. 08585/960 50, Fax 809, Kategorie 3*

Kutschenwirt (122/A–B 2)

Landgasthof und Apartmenthotel in einem, ca. 50 Minuten Fußweg von Grafenau mit bürgerlicher Küche, Biergarten, Kutschfahrten und Reiterei, angenehm mit Kindern, direkt im Wandergebiet. *39 Betten. 94481 Grafenau, Oberhüttensölden 28, Tel. 08554/28 50, Fax 28 51, Kategorie 3*

Sonnenhof (122/A–B 2)

Eines der komfortablen Hotels der Region; Tennis bis Bogenschießen sowie Massage; Kinderbetreuung und familienfreundliche Ferienarrangments. *320 Betten. 94481 Grafenau, Sonnenstr. 12, Tel. 08552/44 80, Fax 46 80, Kategorie 1*

SPIEL UND SPORT

Bei Spiegelau gibt es ein *Waldspielgelände* mit Abenteuerspielplatz, Bastel- und Lagerfeuerplatz und einer Waldschule. **(122/A 1)**

AUSKUNFT

Das Nationalparkhaus ist Informationszentrum und vermittelt Führungen zu Themen wie Vogelstimmen, Tierbeobachtung, Rotwild, Bergbäche oder Waldsterben, im Winter auch Skiwanderungen. *94556 Neuschönau, Tel. 08558/961 50*

ZIELE IN DER UMGEBUNG

Grafenau (122/A–B 2)

Stadtbrände haben der mittelalterlichen Handelsniederlassung am Goldenen Steig früh ihr Gesicht genommen. Am blitzblank herausgeputzten Stadtplatz stehen Bürgerhäuser im Inntalstil. Grafenau (8000 Ew.) ist eine Gründung der Grafen von Vornbach am Inn. Dem früheren Salzhandel verdankt der Ort Stadtrecht (seit 1376, durch Kaiser Karl VI.) und Wohlstand. Heutigen Unterhaltungsbedürfnissen (viele Berliner Feriengäste) entspricht das in den letzten Jahren etablierte Grafenauer Salzsäumerfest in historischen Aufzügen im August. Bauernmarkt mit mildgeräuchertem Schinken und Schnupftabak ist samstags.

Sehenswert sind das *Schnupftabak- und Stadtmuseum* im ehemaligen Bürgerspital *(Spitalstr. 4, tgl. 14–17 Uhr, Nov.–Mitte Dez. geschl.).* Das *Bauernmöbelmuseum (Parkweg 6, Öffnung wie oben)* zeigt die Vielfalt ländlich-bürgerlicher Wohnkultur aus vier Jahrhunderten.

Die *Pfarrkirche Mariä Himmelfahrt* mit Doppelzwiebelturm war ursprünglich gotisch, nach dem Stadtbrand wurde sie barock wieder aufgebaut, der Hochaltar ist von 1730. Hinter der Kirche stehen Reste der ehemaligen Stadtbefestigung und die *Spitalkirche* (1760) mit einem Rokokoaltar.

Lusen (122/C 1)

Wer nach dem steilen Aufstieg die Baumzone hinter sich läßt, kann an der Kuppe des Lusen über wirre Blöcke steigen. Der Sage nach wurde dieses Steinmeer vom Teufel selbst als unheilbringende Last zur Erde geschmettert. Eine mächtige  Bergkuppe mit Fernsicht bis zu den Alpen. Der schönste Abstieg vom Gipfel ist die »Hexenstiege« in den Hochwald, dann geht's durch das »Teufelsloch« zur verträumten Martinsklause. Die Kleine Ohe, einer der Quellflüsse der Ilz, plätschert hier.

Rachel (115/D 6)

★ Das Rachelgebiet hat die interessantesten Wanderstrecken und den ursprünglichsten Wald. Die *Rachelkapelle*, eine malerische Holzkapelle in 1212 m Höhe, liegt 140 m hoch auf einem Felsvorsprung über dem Rachelsee und gewährt beste Aussicht, leider mit einem beschwerlichen Aufstieg verbunden. Der 14 m tiefe *Rachelsee*, höchstgelegener Gletschersee (Kar) des Bayerischen Waldes (1071 m), ist umrahmt von uralten Fichten und Buchen.

Der Weg auf den Rachel (1453 m) hinauf birgt bei jedem Wetter den ganzen Zauber des Waldes. »Er atmet den Hauch der Unendlichkeit und der Ewigkeit«, schrieb schwelgerisch ein Kenner. Zu empfehlen: eine Rast vor der Diensthütte. Schön ist der Aufstieg durch die Seewand des Rachelsees mit mannshohem Farn in ihren Schluchten. Vom Gipfel wieder wunderbare Rundblicke über die Bergkette. Einkehrmöglichkeit: *Waldschmidthaus* am Abhang nach Klingenbrunn.

Schönberg (122/A 3)

Attraktiv ist der schöne Marktplatz mit den Bürgerhäusern im Inntalbaustil. Panoramablick vom Reinsberger Kurpark aus. Vom Ortsteil Loh aus liegt im Loher Waldgebiet ein 50 Tonnen schwerer Wackelstein, ein abgerundeter Granitblock. Wer kräftig ist wie zehn Pferde, kann ihn zum Wackeln bringen. In

Der Rachelsee, höchstgelegener Gletschersee des Bayerwalds

Zenting liegt das historische Wirtshaus *Kamm*, eine Braustätte seit 1740.

Spiegelau (122/A 1)

Die bekannte Glashütte *(Führungen tgl. außer Sa, So)* ist seit 1530 nachgewiesen, der traditionsreiche Ort (4200 Ew.) am Fuße des Rachels lebt vornehmlich vom Fremdenverkehr und hat hierfür Waldspielpark (mit »Waldschule«), Waldschenke und Naturkneippanlage eingerichtet. 240 Kilometer markierte Wanderwege lenken die Besucherströme in die hügelige Umgebung. Ein »Knüppelweg« führt über das »Ochsenklavier« durch ein Hochmoor zum Eiszeit- und Urwaldlehrpfad am Rachelsee.

St. Oswald-Riedlhütte (122/A–B 1)

Ein Kloster der Paulaner von 1396, später umgewandelt in eine Benediktinerpropstei, begründete den Ort. Barocke Sakralkunst bergen die *Pfarrkirche St. Oswald* und die *Bründlkapelle* (um 1700), ein waldgeschichtliches *Museum (Klosterallee 4)* zeigt altes Handwerk, hier kann man sich auch in der Kunst des Glasblasens versuchen. Im Ortsteil Riedlhütte kann man in der 400 Jahre alten Glashütte von einer Tribüne aus Glasbläser bei der Arbeit beobachten. Guglöd, 1¼ Gehstunden nördlich, war ehedem eine Zweigstelle der Glashütte, der Weiler ist heute Waldrastplatz und Ausgangspunkt von mehreren Rundwanderwegen. In 2 Stunden erreichbar ist Waldhäuser, eine alte Siedlung am Guldensteig mit letzten alten Waldlerhäusern, Ausgangspunkt für schöne Bergtouren zu Lusen und Rachel.

Waldhäuser (122/B 1)

Die kleine Streusiedlung (250 Ew.) am Südwesthang des Lusen ist ein idyllischer Ort in wunderschöner Lage. Im 17. Jh. machten hier die Salzsäumer Station. Man sieht typische Bayerwaldhäuser aus Holz und Granit, die Dorfkapelle von 1928 beherbergt das viel beachtete Altarbild »Maria im Walde«. Der Ort wurde Heimat von Waldkünstlern wie Reinhold Koeppel und dem Bildhauer Heinz Theuerjahr.

WALDKIRCHEN

(123/D 4) Luftkurorte sind sie fast alle und Wintersportplätze erst recht. Waldkirchen (10 500 Ew.) aber bewahrte sich mit am längsten den herben Charme, den Bayerwaldflecken früher ausstrahlten. Das liegt am ansteigenden Marktplatz mit Mariensäule und Maibaum, auf dem früher Vieh aufgetrieben wurde, und an den Leuten, die hier einkaufen, heiraten und beerdigen. Die oftmals derben Bauerngesichter, die früher das Bild prägten, werden freilich weniger, die letzten Alten, Zeugen einer anderen Zeit, sterben langsam weg.

Waldkirchen entstand vor 1200 als Wirts- und Schutzstation mitten im Wald, günstig gelegen auf halber Strecke am Hauptwege des Goldenen Steigs zwischen Passau und der böhmischen Grenze. Der historische Stadtkern (durch amerikanisches Bombardement 1945 beschädigt) ist zum Teil mit alter Wehrmauer umgeben. Traditionelles Markttreiben ist einer Anzahl historischer Aufzüge (Marktrichterfest, Dreschersuppn) und einer modernen, bisweilen billigen Geschäftigkeit gewichen. An touristischen Angeboten (vom Freizeitbad Mediterraneum bis zur Golfanlage) und Einkaufsgelegenheiten läßt sich der in den letzten Jahren gewaltig prosperierende Ort von keinem anderen übertreffen.

BESICHTIGUNGEN

Emerenz-Meier-Haus

Die für ihre Zeit progressive Heimatdichterin beschwor Not,

aber auch Schönheit des Waldes, 1906 wanderte sie mit den Eltern nach Chicago aus. Ihr Geburtshaus steht in Schiefweg bei Waldkirchen.

Ewiger Hochzeiter

Er wollte einfach nicht heiraten, der Hans, so geht die Legende. So ließen ihn die Burschen als Sinnbild des ewigen Hochzeiters in Stein meißeln. Die Figur wurde an einem Hauseck am Marktplatz angebracht und wird

Auf dem Waldkirchener Marktplatz wurde früher Vieh aufgetrieben

seither regelmäßig neu bemalt. Vor einigen Jahren, nach gut hundert Jahren Wartezeit, bekam das Wahrzeichen am gegenüberliegenden Hauseck eine Braut.

St. Peter und Paul
Das granitene, neugotische Kirchenschiff mit 67 m hohem Spitzturm ist das größte im Bayerischen Wald. Wegen ihrer Größe wird die Kirche auch »Dom des Bayerischen Waldes« genannt. 1862 wieder erbaut, zeigt sie heute Arbeiten zeitgenössischer Künstler.

AUSSICHT

In der Stadt gute Aussicht vom Bäderzentrum am Karoli, auch ❧ vom Friedhof. Aussichtsberge sind der ❧ Oberfrauenwald (948 m, Skigebiet) und der ❧ Wollaberg bei Jandelsbrunn (763 m, mit Wallfahrtskirche).

MUSEUM

Goldener Steig
Das Museum in einem Wehrturm der Ringmauer zeigt Handwerk und Gewerbe, bürgerliches Leben und Volksfrömmigkeit. *Büchl 22, Mai–Nov. und 25. Dez.–10. Jan. tgl. 14–16 Uhr*

RESTAURANTS/HOTELS

Gottinger Keller
❧ Panoramarestaurant mit Biergarten und eigener Obst- und Beerenkelterei. *Hotel 110 Betten, Am Karoli, Tel. 08581/ 98 20, Fax 98 24 44, Kategorie 3*

Lamperstorfer
Traditionelles, gediegenes Haus mit Café am Marktplatz, seit 1890 im Familienbesitz. Besonderheit: Ritteressen. *Hotel 45 Betten, Marktplatz 19, Tel. 08581/ 10 00, Fax 38 98, Kategorie 3*

Sporthotel Reutmühle
Ferienanlage mit Hotelkomplex und Apartmenthäusern, Tennis- und Golfanlage. Im Winter beginnen die Loipen vor der Haustüre, und Abfahrtski in Frauenwald. *350 Betten, Frauenwaldstr. 7, Tel. 08581/20 30, Fax 20 31 70, Kategorie 2*

Vier Jahreszeiten
Nicht verwandt mit der Weltklassekette, aber auch nicht ohne. Das besonders familienfreundliche Haus liegt ruhig und günstig am Badepark Karoli, mit Durchgang zur Badeanlage. Das Frei- und Hallenbad hat u. a. eine 160 m lange Rutsche. *240 Betten, Hauzenberger Str. 48, Tel. 08581/ 20 50, Fax 20 54 44, Kategorie 2*

EINKAUFEN

Für den preisgünstigen Waldkirchener Chic fahren sogar Großstädter in den Wald. Ungewöhnlich interessant unter den Modehäusern ist das Kaufhaus *Garhammer.*

SPIEL UND SPORT

Für den Golfplatz Reutmühle ist Mitgliedschaft nicht erforderlich. Am Hausberg Karoli wurde ein mediterraner Badepark gebaut, Windsurfing am Stausee Erlauzwiesel ist erlaubt. Und natürlich gibt's Tennis, Reit- und Skischulen, einen Eissportplatz und eine Skipiste. Mit dem Planwagen (4 Std.) fährt der *Roi-Sepp (Tel. 08581/49 40).*

AM ABEND

Ein ausgeprägtes Nachtleben wird im Bayerischen Wald niemand erwarten. Für Nachtschwärmer gibt's aber Pils-Pubs und Diskos, etwa *Dream* und *Joy* am Bahnhof.

AUSKUNFT

Kurverwaltung, Ringmauerstr. 14, 94061 Waldkirchen, Tel. 08581/ 202 50, Fax 40 90, www.waldkirchen.de

ZIELE IN DER UMGEBUNG

Breitenberg (123/F 5)
Der nicht überlaufene Ort ohne Hotels (2000 Ew.) ist Mittelpunkt der »Neuen Welt« zwischen Wegscheid und Dreisessel – so genannt wegen der späten Besiedelung um 1700. Der Passauer Fürstbischof ließ, wie der Dialekt heute noch belegt, Siedler aus dem Salzburger Land hier roden. Das *Webereimuseum* in einem alten Bauernhaus dokumentiert mit Webstühlen und Spinnrädern eine früher typische Einnahmequelle *(Juni–Sept. tgl. 14–16.30 Uhr)*. Am Michelbach lohnt der Besuch der 200 Jahre alten *Hammerschmiede.*

Dreisesselberg (123/F 3)
In der Ecke um Haidmühle fließen die Wasser nicht zur Donau, wie sonst am Bergkamm, sondern nach Norden, mit der Kalten Moldau zur Nordsee. Der ★ Dreisesselberg (1330 m, leichter Aufstieg vom Parkplatz in 20 Minuten) ist ein bizarres, geologisch interessantes Massiv aus Granit. Den Namen hat es von den sesselartigen Steintürmen

Im Fichtenhochwald steht die 1300 Meter hoch liegende Schutzhütte am Dreisesselberg

aus eiszeitlicher Verwitterung. Nach der Legende nahmen auf den Steinen einst die Herrscher von Böhmen, Österreich und Bayern Platz, um ihre Ländergrenzen zu regeln.

Noch bis vor 200 Jahren war das Gebiet Urwald, danach ein Eldorado für Schmuggler und Wilddiebe. Mit Adalbert Stifters Werken ging der »Hochwald« um Dreisessel und Plöckenstein ein in die Weltliteratur. Stifter schrieb (den »Wittiko« zwischen 1855 und 1866) und wohnte dabei auf dem sehenswerten Gut des Kaufmanns Franz Xaver Rosenberger, seines Mäzens, oberhalb von Lackenhäuser (heute Jugendherberge und Stifter-Gedenkstätte).

Haidmühle (123/F 3)
Die Gründung einer Mühle mit Eisenhammerwerk an der Kalten Moldau um 1770 war der Grundstein für den Erholungsort (830 m, 2000 Ew.) am Fuße

Das Museumsdorf bei Tittling zeigt Gehöfte, Mühlen, Dorfensembles

des Dreisesselberges — eine traumhafte Wanderlandschaft mit weichen Tälern, die föhnfrei und schneesicher sind. Sommerfrische hat in Haidmühle Tradition seit 1912. Heute gibt es mit der Grenzöffnung nach Tschechien Ausflugsmöglichkeiten und Langlaufloipen in unbesiedelte Böhmerwaldlandschaften. Ein ganz besonderes Erlebnis: Dampflokfahrt zum Moldau-Stausee.

Hauzenberg (123/D 6)
Daß die Kleinstadt (12 000 Ew.) wohlhabend ist, sieht man an den reichverzierten Bürgerhäusern am Marktplatz. In den teils riesigen Steinbrüchen des Umlandes wird der berühmte »Blaue Granit« abgebaut. König Ludwig I. bestellte für seine Befreiungshalle bei Kelheim eine 40 Tonnen schwere »Säule des Königs«. Der Block steht heute im Hof der Hauptschule, weil er nicht transportiert werden konnte. Sehenswert ist auch die Stadtpfarrkirche mit dem Freudenseer Flügelaltar aus dem späten 15. Jh. Im Ortsteil Kropfmühl wird, einmalig in Westeuropa, unter Tage Graphit abgebaut *(Besichtigungsmöglichkeit in 40 m Tiefe tgl. außer Mo, Nov. geschl.).* Schöne Aussicht und Einkehrmöglichkeit im Berggasthof *Gut Lichtenau*; Badestrand am Freudensee und Furthweiher.

Museumsdorf (122/A 4)
★ Die beeindruckende Ausstellung bei Tittling zeigt in der Anlage eines Dorfes Waldlerhäuser und Gehöfte und über 120 Einzelobjekte wie Mühlen, Sägen, Handwerksbetriebe und die älteste Volksschule Deutschlands von 1670. Einkehrmöglichkeit im originalen Wirtshaus *Mühlhiasl* mit Tenne und Bauerntheater. *3 km nordwestlich von Tittling am Dreiburgen-See, tgl. geöffnet 9—17 Uhr (im Winter geschl.)*

Tittling mit
Dreiburgenland (122/A 4–5)

Touristisch gesehen lag der Landstrich lange abseits, obwohl er – begünstigt durch das milde Klima im Donautal – ungewöhnlich viele Sonnentage hat. Erst als jemand die Markenbezeichnung Dreiburgenland erfand – Fürstenstein, Englburg und Saldenburg standen Pate –, wurde daraus ein Begriff.

Der Hauptort Tittling (4000 Ew.), eine Marktgründung aus dem 12. Jh., hat seinen Namen von einem Herrn namens Tutilo, der um 900 die Gegend mit seiner Sippe urbar machte. Bekannt ist der Ort durch die bedeutenden Granitsteinbrüche, den Heimatdichter Max Peinkofer, den Dreiburgensee (Strandbad) und vor allem durch das Museumsdorf Bayerischer Wald, wohl das größte Freilichtmuseum Bayerns mit über 50 historischen Waldlerhäusern *(tgl. geöffnet)*. Das schöne *Schloß Engelburg* wird von Englischen Fräulein als Gästepension geführt. Die *Saldenburg*, ein quadratischer Wohnturm, im Volksmund »Waldlaterne« genannt, dient als Jugendherberge (erbaut vom sagenumwobenen Ritter Duschl, dem »Ritter Allein«, dem sein drittes Weib untreu wurde). Die mächtige Schloßanlage der *Burg Fürstenstein* gehört ebenfalls den Klosterfrauen und ist ein Internat. In Aicha vorm Wald kann man ein reizendes *Wasserschlößchen* ansehen (Privatbesitz, in der Nähe der einzige größere Eichenwald Niederbayerns), in Eging gibt es einen großen *Badesee,* und im »Waldheiligtum« *Maria Bründl* zwischen Tittling und Thurmansbang (Aussichtsberg Ochsenstiegel) steht über einer Quelle, dem »Heilbrunnerl«, dessen Wasser Augenleiden heilen soll, ein kapellenähnlicher Zwiebelturm. Für Wanderer: Von der Dießensteiner Leite (Flußschnellen mit kaskadenartigen Wasserstürzen) führt eine wunderbare Wanderung (50 km) entlang der Ilz bis nach Passau.

Winter im Nationalpark

Wer den Bayerischen Wald nicht im Winter kennt, kennt ihn gar nicht, heißt ein altes Wort, und da ist was dran. Die verschneiten Wälder des Nationalparks sind ein beeindruckendes Erlebnis. Die Parkverwaltung kümmert sich um geräumte Wege für Familienspaziergänge oder zum Schlittenfahren (etwa von Waldhäuser zur Racheldiensthütte und zum Lusen), über Langlaufloipen entdeckt man die Schönheit winterlicher Waldnatur (Ausgangspunkte etwa in Spiegelau, St. Oswald, Neuschönau, Finsterau, Mauth). Vom Langlaufzentrum Kreuzberg bei Freyung führen 36 km lang doppelspurige Loipen als Rundkurse durch Wald und Landschaft (Parkplatz mit Toiletten).

Und man sollte einmal auf dem Lusen oder dem Arber gestanden haben, wenn der Böhmwind eisige Luft bringt und wenn Frost und Schnee den Bergfichtenwald und die kargen bizarren Baumkrüppel hinzaubern zu einer Märchenlandschaft.

Die hohe Kunst des Bauens

Die Universitätsstadt Passau gehört zu den schönsten Stadtanlagen der Welt

Wie der Bug eines Schiffes ragt die Stadt in die Mündung ihrer Flüsse. Feriendampfer gehen von hier auf die Fahrt zum Schwarzen Meer. Fünfzehn Brücken überqueren Donau, Inn und Ilz, die an den Hängen vorbei gen Osten fließen. Und hoch darüber, auf den Hügeln, sah Richard Wagner lange vor Bayreuth den Platz, auf dem sein Musentempel stehen sollte. Der Blick auf den Strom, bemerkte Karl Baedeker, sei »umrahmt von einer Stadt- und Burgarchitektur, die in Deutschland nicht ihresgleichen hat«.

Wer sich aus dem Bayerischen Wald der Stadt nähert, erlebt die junge Universitätsstadt (50 000 Ew.) als eine Oase der Kultur inmitten bäuerlichen Umlandes. Kein Ort vergleichbarer Größe wird in Deutschland so häufig genannt. Passau steht für einen besonderen Charakter, für die Schönheit einer städtebaulichen Anlage. Nicht umsonst wird

Die Burg Oberhaus bietet einen der schönsten Blicke über die »schwimmende Stadt«

dem Weltreisenden Alexander von Humboldt der Satz zugeschrieben, hier liege eine der sieben schönsten Städte der Welt. Aber der Name ist auch Synonym geworden für Provinzialismus und eine Stadtplanung, die ihr bauliches Erbe aufs Spiel setzt.

Das einzigartige Erscheinungsbild wurde in vielen Bereichen verletzt. Die Altstadt hat Patina verloren, das Milieu ist verfallen. Vor allem durch die Hochwassersanierung der 60er Jahre, die keinen Blick hatte für das Gepräge der Stadt, wurden Kleinode wie die einst malerische Ilzstadt wegsaniert.

Passau ist uralt. Nach neueren Funden gilt der Ort als seit der Jungsteinzeit (5000 v. Chr.) durchgehend besiedelt. Den Namen hat die Stadt vom Kastell Batavis (»Pazzawe«), das die Römer nach der Zerstörung der keltischen Siedlung Bojodurum hier aufbauten. Kaiser Claudius zog hier vor 2000 Jahren die Grenze der Provinzen Rätien und Noricum. Später errichteten die Bajuwaren eine Herzogsburg. Der Aufstieg begann, als der Kaiser 999 dem Passauer Bi-

MARCO POLO TIPS FÜR PASSAU

1 **Grandiose Panoramen**
Stadtansichten von der
Burg Oberhaus und dem
Mariahilfberg auf den
Traumort (Seite 85)

2 **Altstadt**
Eine Tour durch den
Stadtkern rund um den
Residenzplatz (Seite 83)

3 **Promenade**
Am Wasser entlang von
der Donau zum Innkai mit
italienischem Flair
(Seite 86)

4 **Dom**
Manifestation barocker
Kunst, inmitten der Pracht
die größte Kirchenorgel
der Welt (Seite 83)

5 **Scharfrichterhaus**
Eine (studentische) Kneipe
mit Kultur im historischen
Haus (Seite 88)

6 **Ilz-Idylle**
Wunderbare Meditation
auf einem Spaziergang
von Hals zur Triftsperre
und zurück (Seite 84)

schof die weltliche Herrschaft zunächst über die Stadt, später über das ganze Land der Abtei des Klosters Niedernburg übertrug. 800 Jahre lang, bis zur Säkularisation 1803, blieb Passau selbständiges Fürstentum, quasi ein eigener Staat. Im 14. Jh. betrug der Warenumschlag hier mehr als doppelt soviel wie insgesamt auf dem Rhein. Im 16. Jahrhundert galt die Dreiflüssestadt weithin als Zentrum humanistischen Lebens und Hochburg der Wissenschaften. Das Bistum reichte von der ungarischen Grenze bis zum Dachstein und nach Böhmen und war bis ins 18. Jh. hinein das größte im deutschsprachigen Raum. Es sei leichter, grollte ein Papst Pius, in Rom Stellvertreter Gottes als in Passau Bischof zu werden. Der Wiener Stephansdom ist eine Gründung der Passauer. 700 Jahre lang unterstand Wien den Fürstbischöfen. Und die großartigen Bauwerke entsprechen nur der Macht einer fürstbischöflichen

Residenzstadt, die sich ihr Antlitz im 17. Jh. mit Bedacht von italienischen Baumeistern gestalten ließ.

Im Zweiten Weltkrieg wurde die Stadt mehrfach bei Luftangriffen der Alliierten bombardiert, der Bayerische Wald schließlich von amerikanischen Truppen eingenommen. Mehr als die Besatzungssoldaten richteten die abziehenden Nazis und versprengte Werwölfe Schaden an, erschossen Widerständler und sprengten Brücken in die Luft. Nach dem Krieg versuchte der Klerus zunächst Industriesiedlungen zu verhindern, um nicht auch sozialdemokratische Einflüsse aufkommen zu lassen. Das Gebiet galt immer als Hochburg der »Schwarzen«, erst in jüngster Zeit begannen auch die politischen Fundamente sich zu bewegen. Die Gründung der Universität in Passau 1978 sollte die Bildungsreserven der Provinz erschließen; daß sie letztlich auch gewisse soziokulturelle Veränderungen mit sich brachte, ist in erster Linie an der prosperierenden Kneipenszene zu beobachten.

Das zweitausendjährige Passau bietet von den Hügeln immer wieder die herrlichsten Panoramen und beeindruckt durch die gewachsene, harmonische Struktur. Die Lage an der Grenze hat Verwandtschaft geschaffen, vor allem in Küche und Dialekt. Sie sollte auch von Ihnen mit Ausflügen in oberösterreichische Beiserl und Gastwirtschaften genutzt werden (**124/B–C 3–4**).

BESICHTIGUNGEN

☛ **Stadtplan in der hinteren Umschlagklappe**
Altstadt

★ Vom Domplatz, dem höchsten Punkt der Altstadt, führen malerische Gäßchen nach Norden und Süden, zu Donau oder Inn. Wir finden Häuser mit Arkaden, herrlichen Treppenhäusern und lichten Innenhöfen. In der Kleinen Messergasse arbeitete Lucas Cranach in der Werkstatt von Meister Frueauf. Bei diffusem Licht gibt diese Umgebung eine eigenartige Kulisse, läßt den Zauber und die morbide Ausstrahlung der Vergangenheit spüren. Die einst düsteren Gassen wurden mittlerweile aufwendig saniert, haben dabei aber auch viel von ihrem ursprünglichen Charakter verloren.

Der autofreie Residenzplatz, ehedem mittelalterlicher Markt, gilt als einer der schönsten Plätze Süddeutschlands. Eingesäumt ist er von Residenz, gotischem Domchor und Patrizierhäusern. Der Barockbrunnen mit der Patrona Bavariae springt zu Ehren der Wittelsbacher. Sie waren die neuen Landesherren, nachdem Napoleon 1803 den vordem selbständigen Staat Passau, der zu Österreich tendierte, dem Bayernkönig zusprach.

Beherrschend im Stadtbild: die Doppelturmfront des Passauer Doms

Dom

★ Der Passauer Dom ist die größte italienische Barockkirche nördlich der Alpen. Barock und auch wieder nicht, denn das harmonisch vollendete Werk ist ein Zwitterwesen aus Gotik (Chor und Ostpartien) und Barock. Nach dem verheerenden Stadtbrand von 1662 holten die Domherren aus dem italienischen Intelvital Meister wie den Architekten Carlo Lurago und den Stukkateur Giovanni Battista Carlone. Sie schufen in siebzehn Jahren einen für ganz Bayern und Österreich beispielhaften hochbarocken Kirchenraum mailändisch-lombardischer Prägung. Der Dom besitzt nicht nur die größte Kirchenorgel der Welt (17 774 Pfeifen) und die einzige gotische Vierungskuppel im deutschen Kulturraum. Er zeigt auch das früheste Beispiel dreidimensionaler Malerei. Die erste Gesamtrenovierung wurde für 12 Millionen Mark nach achtjähriger Arbeit 1980 abgeschlossen. *Dombesichtigung tgl. ab 8 Uhr bis Dämmerung, Orgelkonzerte Mai–Okt. werktags 12–12.30, Do 19.30, So u. feiertags beim Gottesdienst 9.30 und 11 Uhr, Domführung Mai–Okt. werktags 12.30 Uhr, Nov.–April 12 Uhr*

Donaureisen

Am Donaukai lädt eine Flotte riesiger und luxuriöser Fahrgastschiffe ein zu Traumreisen nach Wien, Budapest und ans Schwarze Meer. Zum besonderen Erlebnis zählen die täglichen Ausflugsfahrten ins österreichische Donautal mit Schleusung in *Jochenstein* und die »Dreiflüsse«-Rundfahrten.

Freudenhain

Das ehemalige fürstbischöfliche Sommerschloß im Stadtteil Hacklberg ließ sich der Passauer Kardinal Josef Graf von Auersperg 1785 nach frühklassizisti-scher Mode bauen. Die Flügeltrakte umschließen einen kleinen Rokokogarten, rundherum wurde ein Park im englischen Stil angelegt. Heute nutzt der Orden der Englischen Fräulein die Anlage als Mathematisch-naturwissenschaftliches Gymnasium.

Hals

Der heutige Stadtteil war früher ein selbständiger Markt, Herrschaft eines Grafengeschlechts. Die Burg ist längst Ruine, der Marktplatz aber zeigt schöne Bürgerhäuser und eine Kirche mit Pranger. Die romantisch gelegene Vorstadt war früher Endstation der Holztrift aus dem Bayerischen Wald, um die Jahrhundertwende dann Kurort der Wiener Hautevolee. Franz Lehar komponierte hier seine Operette »Wiener Blut«. Sehr lohnend ist ein ★ Spaziergang vom Hofbauerngut (schöner Natur-

Wunderschöner Panoramablick: Die Passauer Altstadt mit Rathaus und Dom St. Stephan zwischen Donau und Inn

badestrand) zur Ausflugsgaststätte Triftsperre.

Innstadt

Der Stadtteil am Inn leidet arg unter den Verkehrsströmen, die zur österreichischen Grenze drängen, die kleinen Gassen und Gäßchen mit den typischen Schwibbögen zeigten sich bislang als robust. Dächerland und alte Häuser bieten romantische Stadtansichten. Hier liegt auch die Wallfahrtskirche Mariahilf mit Kapuzinerkloster.

Kirchen

Mariahilf: Die Wallfahrts- und Klosterkirche auf dem ★ Mariahilfberg in der Innstadt erreicht man über die 321 Stufen lange und steile Wallfahrtsstiege. Eine mußevolle Besichtigung wert, thront sie über der Stadt, als müsse sie sie vor Unheil bewahren. Tatsächlich ist die 1672 geweihte Kirche des Frühbarock Ziel von Bittprozessionen der städtischen Pfarrgemeinden und von in Not geratenen Einzelpersonen, die auch heute noch die Stiegen hinauf beten. Der Kopie des Marienbildes von Lucas Cranach, das den Hochaltar schmückt, werden Wunderkräfte zugesprochen und es wird deshalb hochverehrt. Von hier aus trat auch Ritter Prinz Eugen seinen Feldzug gegen die Türken bei Wien an.

Die *Severinskirche* in der Innstadt *(Ledergasse)* entstand in der Nähe des spätrömischen Kastells Boiotro, neben dem der hl. Severin um 450 seine Klosterzelle erbaute.

St. Michael in der Altstadt *(Schustergasse)* ist nach dem Dom das schönste barocke Bauwerk der Stadt, geschaffen von Pietro Francesco Carlone und seinem Sohn. Die Studienkirche wird häufig zu Konzertaufführungen genützt.

St. Paul (11. Jh.) entstand nach dem verheerenden Stadtbrand von 1662 als ein barocker, italienisierter Bau und schließt zusammen mit dem Paulstor den Rindermarkt ab.

Oberhaus

★ ⚐ Die alte Zwingburg liegt 105 Meter über der Donau, ein Wehrgang verbindet sie mit der unteren Burg, der um 1250 erbauten Veste Niederhaus (Privatbesitz). Der etwas mühsame Aufstieg über den an der Hängebrücke beginnenden Steig (oder mit Pendelbus ab Rathaus) lohnt sich immer, allein der spätgotischen Säle, des originalgetreu restaurierten Rittersaals, des Museums und der wundervollen Aussicht wegen. Der geistlichen Obrigkeit war die Burg (1219) mit Fürstenbau im inneren Hof Machtsymbol — aber auch Zuflucht: Ein geheimer Gang führte unterhalb der Donau aus der Stadt in den Innenhof der Festung. Allerdings wurde dieser Gang bis heute nicht gefunden, vielleicht handelt es sich auch nur um ein Gerücht. Beim Passauer Bürgeraufstand im 13. Jh. wurde die Stadt vom Oberhaus mit Steinkugeln beschossen. Nach der Säkularisation diente Oberhaus zunächst als Kaserne, dann als Gefängnis, heute auch als Jugendherberge.

Promenade

An den Flüssen entlang führt eine sehr schöne Uferpromenade um die Altstadt herum zum

»Pemperlprater«, dem ältesten Kinderkarussell Deutschlands. ★ 🔱 Das Stadtbild am Innkai zeigt uns das italienische Gesicht Passaus (schöne Aussichten von der Innbrücke oder, besser, vom Innsteg aus). Der runde Schaiblingsturm schützte im Mittelalter den Salzhafen.

Rathaus
Es ist Zeugnis des langen Kampfes der Bürger gegen den Krummstab. Erstmals 1298 durch Bürgeraufstand ertrotzt, mußte es schließlich dreimal gegründet werden. Der Bischof hatte es vom Oberhaus aus mit steinernen Kanonenkugeln beschossen. Hier liegt die älteste deutsche Rechtskunde städtischer Freiheiten, der Turm birgt das größte Glockenspiel Bayerns. Die Kolossalgemälde des Passauer Historienmalers Ferdinand Wagner (1890) zeigen in den Sälen u. a. Kriemhildens Einzug in die Nibelungenstadt. *Schrottgasse, Besichtigung bei Stadtführungen*

Residenz
Im repräsentativen Barockbau am Residenzplatz beeindruckt besonders das Stiegenhaus in verschwenderischem Rokoko. Als Neue Bischöfliche Residenz wurde der Bau 1770 beendet. *(Domschatzmuseum, Zugang über Dom vorne rechts)*

Sightseeing
Das Bild von der »schwimmenden Stadt« erschließt sich am eindrucksvollsten während einer Dreiflüsse-Rundfahrt (45 Min.). Die Dampfer fahren von März bis Ende Oktober halbstündlich vom Donaukai ab.

AUSSICHT
Wunderschöne Panoramen genießt man von 🔱 Burg Oberhaus (nahe dem Café oder der Batterie Linde im Museum), vom 🔱 Kloster Mariahilf in der Innenstadt, vom 🔱 Klosterberg (über der Ilzstadt) und von der 🔱 Anhöhe im österreichischen Hinding aus.

MUSEEN
Diözesanmuseum
Die Schätze der Kirchenfürsten sind durch den Dom (rechts vorne) zu erreichen. Eine Wendeltreppe führt zum Großen Hof-

Traumpromenade: An Inn und Donau um die Altstadt herumspazieren

saal, zur fürstbischöflichen Bibliothek und zum Rokokotreppenhaus der Neuen Residenz. *Dompfarrei, tgl. außer So 10–16 Uhr*

Glasmuseum

Beeindruckende Zeugnisse von Glaskunst vor allem aus dem Bayerischen Wald, aber auch aus Böhmen und Österreich, im historischen Hotel *Wilder Mann. Schrottgasse, tgl. 10–16 Uhr*

Museum Moderner Kunst

Schönstes Museum der Stadt (Stiftung Wörlen) in einem historischen und großartig renovierten Altstadthaus mit Cafeteria. *Bräugasse 17, tgl. außer Mo 10–18 Uhr, Café 10–22 Uhr*

Oberhausmuseum

Die großartigen Räumlichkeiten auf der Festung über der Stadt zeigen historisches Handwerk, Stadtgeschichte, volkskundliche Ausstellungen, Ritterrüstungen. *Di–Fr 9–17 Uhr, Sa, So u. Fei. 10–18 Uhr (Feb. geschl.), Bus vom Rathaus*

Römermuseum Boiotro

Funde aus der Römerzeit Passaus und seiner Umgebung mit einem Ausgrabungsfreigelände. *Lederergasse, März–Nov. Di–So 10–12 und 14–16 Uhr*

RESTAURANTS

Eine Bereicherung sind die Ausflugslokale jenseits der österreichischen Grenze. Im nahe gelegenen Freinberg z. B. das Heurigenlokal *Weinbeißer* (Büffet mit Landesspezialitäten, Biergarten mit Aussicht). Blick auf Passau vom 🌱 Caférestaurant *Oberhaus* (Terrasse).

Heilig-Geist-Stiftschenke

Ein Alt-Passauer Weinlokal mit originalen Stuben, Keller (1000 Jahre alt), idyllischem Weinlaubengarten – und einer Speisekarte landestypischer Spezialitäten. *Heiliggeistgasse, Tel. 0851/26 07, Kategorie 1*

Wilder Mann

Passaus erstes Gourmetlokal mit Hotel (60 Betten) im angemessen renovierten Patrizierhaus in der Altstadt (schöne Dachterrasse). *Schrottgasse, Tel. 0851/ 35 0 71, Fax 317 12, Kategorie L, Hotel Kategorie 2*

Zum alten Bräuhaus

Preiswertes, rustikales Lokal unweit der Donau mit reichhaltiger Speisekarte. Tip: Probieren Sie die altbayrischen Spezialitäten. *Bräugasse 5, Tel. 0851/21 25, Kategorie 2*

EINKAUFEN

In der Passauer Fußgängerzone und Bahnhofsstraße Textilgeschäfte, große Warenhäuser und Eßmärkte (in der Vorweihnachtszeit interessanter Holzmarkt). Kleine Läden wie den Musikalienhandel *Hornsteiner* findet man in der Altstadt.

MÄRKTE

Domplatz

✦ Jeden Dienstag und vor allem freitags liegt Landluft über dem Domplatz, wenn hier von 7 bis 12 Uhr an den »Standln« Bäuerinnen und Gemüsehändler ihre Produkte anbieten. Von der Landbutter bis zum Geräucherten, vom Kohlrabi bis zum Waldhonig gibt es hier alles.

Flohmarkt

Jeden 2. Samstag im Monat an der Innpromenade beim Promenade-Kino.

Maidult

Die 300 Jahre alte Passauer Maidult (1. Maiwoche) war früher Markt der Lebzelter, Bäcker, Hafner und Seifensieder. Von dieser Tradition künden auch heute noch Händler, die am Rande des Volksfestes Töpfe und Textilien verkaufen.

HOTELS

Holiday Inn

Passaus internationales Hotel gleich am Hauptbahnhof. *211 Betten, Bahnhofstr. 24 A, Tel. 0851/ 590 00, Fax 590 05 29, Kategorie 1*

Passauer Wolf

Sehr günstig zwischen Alt- und Neustadt gelegen. *60 Betten, Rindermarkt 6, Tel. 0851/931 51 10, Fax 931 51 50, Kategorie 1*

Rotel Inn

Deutschlands erstes Kabinenhotel, direkt an der Donau, für Menschen ohne Platzangst. *186 Betten, Donaulände, Tel. 0851/ 951 60, Fax 9 51 61 00, Kategorie 3*

Schloß Ort

Gepflegte, nicht überkandidelte Herberge im Schloß vor dem Dreiflußeck, die schönsten Zimmer mit ◆◆Blick auf den Inn. *35 Betten, Im Ort 11, Tel. 0851/ 340 72, Fax 318 17, Kategorie 1*

SPIEL UND SPORT

Ein neues Erlebnisbad im Stadtteil Kohlbruck bietet viele Attraktionen rund um Schwimmen

und Baden. Es ist eingebunden in eine reizvolle Naturlandschaft mit den besten Voraussetzungen für Erholungssuchende und Aktivgäste; Angelmöglichkeiten an allen Flüssen, Radwege.

AM ABEND

Fast schon eine historische Sehenswürdigkeit ist das ★ *Scharfrichterhaus*, ein Lokal für Essen und Kleinkunst. Mit Jazz, Chanson, Kabarett, Theater, Galerie und Studiokino. Jährlich im Herbst werden hier die Deutschen Kabarett-Tage abgehalten. Vornehmlich studentische Jugend trifft sich im Szenelokal ⚡ *Kowalski (Oberer Sand 1, mit Terrasse)* oder im *Café Duft (Theresienstraße)*. Wer's ein wenig derber will, geht in die ✪ Weißbierbrauerei *Andorfer* auf der Ries.

»Tanz an Bord« heißt ein Programm auf den Ausflugsschiffen, die von *Mitte April bis Oktober jeden Samstag (Hochsommer auch freitags) 19–24 Uhr* eine Mondscheinfahrt auf der Donau anbieten *(ab Rathausplatz)*.

AUSKUNFT

Tourist-Information

Rathausplatz 3, 94032 Passau, Tel. 0851/95 59 80, Fax 572 98, www.passau.de

Stadtführungen

Anfang April bis Ende Okt. Mo–Sa 10.30/14.30 (So 14.30) Uhr, Treffpunkt Max-Denkmal am Domplatz

ZIELE IN DER UMGEBUNG

Aldersbach (O)

Die ehemalige Klosterkirche der mittelalterlichen Zisterzienserabtei Aldersbach (1146 gegründet, unweit des tausendjährigen Marktfleckens und Erholungsortes Aidenbach) ist ein niederbayerisches Kleinod. Mit dem Umbau (1705–34) schufen die Brüder Asam ein goldstrotzendes Gesamtkunstwerk, eines der bedeutendsten Zeugnisse des bayerischen Frührokoko. Im Gasthof Mayerhofer kann man nach dem Kirchgang niederbayerische Spezialitäten genießen, etwa die Klosterwürstl aus der eigenen Metzgerei.

Bäderdreieck (O)
Bad Füssing, Griesbach und Birnbach haben sich zum goldenen Dreieck der Bäderkultur entwickelt, mit einer beispiellosen Aufwärtsentwicklung. Rund 30 Kilometer südwestlich von Passau neben Thermen auch Freizeitanlagen wie Volksgolf und kulinarische Einkehrschmankerl (Tophit: *Steigenberger Maximilian* in Griesbach).

Ilztal (124/B 3)
Der Ilztalwanderweg mit Flußlehrpfad ist eine Erholungslandschaft par excellence, ohne anstrengende Klettertouren, ohne Autolärm. Am besten, man beginnt die Wanderung am Marktflecken Passau-Hals am linken Ufer der moorigbraunen Ilz (alternativ: Wandereinstieg in Oberilzmühle oder Fischhaus).

Ortenburg (O)
Der Markt ist eine historische Besonderheit, er überlebte als evangelische Enklave in strengem Katholikenland. Rundherum heute keine Feinde, sondern Ausflugsziele: *Vogelpark* in Irgenöd mit 2000 Vögeln aus aller Welt; das *Aquarium* in Jaging hat eine Krokodilhalle mit Unterwasseransicht; beim *Schloß* Ortenburg gibt's einen *Wildpark* mit heimischen Tieren.

Schärding (124/B 5)
Berühmt an der österreichischen Inn-Stadt ist vor allem die barocke Giebelreihe (»Silberzeile«) am Stadtplatz. Es bietet sich die Möglichkeit zu schönen Rundgängen, zu einem Abstecher zur Residenz des phantastischen Zeichners Alfred Kubin (nun Gedenkhaus) und zum Genuß der delikaten oberösterreichischen Schmankerl *(Wirtshaus und Romantikhotel Forstinger,* Tel. 0043 7712/230 20, Kategorie 2).

Untergriesbach (125/E 3)
Ein typischer Marktflecken, im Kern wenig verschandelt. Die Bürgerhäuser geben einen Eindruck vom Wohlstand der ehedem fürstbischöflich-passauischen Niederlassung. Die Untergriesbacher gelten als besonders eingeschworene Gemeinde; und wer die richtigen Mannsbilder sehen will (und eines der letzten originalen Bauernwirtshäuser), der gehe ins ❖ *Gasthaus Lanz* am Marktplatz. Ein Abstecher nach Obernzell zeigt einen wunderschönen alten Markt.

Vogelpark Irgenöd (O)
Das Tierfreigelände bei Ortenburg (20 Minuten Fahrzeit von Passau) ist der größte Vogelpark Ostbayerns. In idyllischer Landschaft zeigt er in einem 30 ha großen Gehege über 200 Vogelarten. Im Wildpark um das Schloß Ortenburg sehen Sie Mufflons, ostasiatische Sikahirsche sowie Dam- und Rotwild.

Pure Natur und reines Glas

Die hier beschriebenen Routen sind auf der Übersichtskarte im vorderen Umschlag und im Reiseatlas ab Seite 108 grün markiert

① EINMAL IN DIE BERGE UND ZURÜCK

 2-Tage-Tour durch die rauhe Schönheit des Bayerischen Waldes. Rd. 200 km von Passau über Waldkirchen zum Dreisesselberg, von Freyung nach Glashütte und Spiegelau und über die B 85 zurück.

Der Ausgangspunkt dieser Tour ist die Dreiflüssestadt *Passau (S. 81)*, deren Sehenswürdigkeiten Sie sicher vorher besichtigt haben.

Von Passau nach Norden führt die Bundesstraße 12 Richtung Freyung, die nach rund 20 km verlassen wird, um zuerst *Waldkirchen (S. 74)* zu besuchen, eine wichtige Station am einstigen Salzhandelsweg zwischen Bayern und Böhmen. Die Stadt wurde bereits vor dem 12. Jh. gegründet und ist damit eine der ältesten des Bayerischen Waldes. Sehenswert sind Teile der alten Stadtbefestigung und die Pfarrkirche St. Peter und Paul, die wegen ihrer Größe auch »Dom des Bayerischen Waldes« genannt wird.

Sie verlassen Waldkirchen nach Süden und fahren über die Orte Jandelsbrunn, Neureichenau, Altreichenau und Frauenberg zum *Dreisesselberg (S. 77)*. Die Straße führt durch die anmutige Hügellandschaft des hier allmählich aufsteigenden Gebirges, des Böhmerwaldes, welcher die Grenze zwischen Deutschland und Tschechien bildet.

Der Dreisesselberg mit Hochstein (1332 m) bildet den östlichen Abschluß der Bayerwaldberge. Eindrucksvoll sind die bis zu 30 Meter hohen, mächtigen Granitfelsen, die das Landschaftsbild prägen. Ein Tip: Lassen Sie an der Dreisesselbahn-Station das Auto stehen und wandern Sie ein Stück zum *Steinernen Meer*. Sie erreichen es nach rund 15 Minuten auf gut befestigten Wegen.

Eine bequeme Alternative dazu ist die Auffahrt zum Dreisesselberg, auf dem einst die drei Könige aus Bayern, Österreich und Böhmen geruht haben und sich an der unberührten Natur ihrer Ländereien erfreut haben sollen. Wenn Sie oben stehen und Ihren Blick schweifen lassen, erkennen Sie sicher schnell, daß an dieser Sage etwas dran sein muß. Und wenn Sie jetzt Lust zum Wandern bekommen haben, sollten Sie dem gut markierten Weg zum *Plöckenstein* folgen. Er führt eine halbe Stunde lang ins Steinerne Meer, in diese dicht bemooste Landschaft mit ihren Türmen aus Granitfelsen.

Vom Dreisesselberg verläuft die Bergstraße parallel zur tschechischen Grenze nach Philippsreut. Dort stoßen Sie wieder auf die B 12 und fahren nach *Freyung (S. 64)*. Wahrscheinlich ist jetzt früher Nachmittag, weshalb Sie in der Stadt Ihr Quartier suchen können, zum Beispiel das *Hotel Danibauer (S. 66)*. Dann bleibt noch genügend Zeit, das *Wolfsteiner Heimatmuseum* mit seiner Sammlung von Totenbrettern zu besuchen *(S. 16)*. Oder Sie machen einen Abstecher nach Geyersberg, wo Sie in der *Bergglashütte*, einer Schauglashütte der renommierten Firma Weinfurtner, den Glasbläsern bei ihrer Arbeit zuschauen dürfen.

Den nächsten Tag sollten Sie beizeiten beginnen, um rechtzeitig zum kleinen Ort Glashütte zu gelangen. Dazu fahren Sie von Frauenau ein kleines Stück die B 12 Richtung Grafenau, biegen dann nach 2,5 km nach Schönbrunn ab und gelangen von dort über Raimundsreut nach Glashütte. Hier wird dieses Mal nicht ein Blick in heißglühende Glashäfen empfohlen, sondern der Blick ins Grüne bei der dort ausgeschilderten *Rundwanderung*. Danach setzen Sie Ihre Autofahrt nach *Spiegelau (S. 74)* fort. Währenddessen können Sie in diesem Teil des Bayerischen Waldes an den vielen Kiefern und Tannen erkennen, daß hier die klimatischen Bedingungen ähnlich denen Skandinaviens sind und nordeuropäische Flora und Fauna gedeihen.

Sie nehmen nun die Straße nach Südosten, passieren Grafenau und fahren nach Schönberg. Von hier aus geht es auf der B 85 zurück nach Passau. Nach gut eineinhalb Stunden Fahrt können Sie rund 1 km vor der Ortschaft *Loh (S. 53)* bei Stephansposching ein Naturdenkmal besuchen: den Wackelstein.

Wenn Sie genügend Mitfahrer haben, können Sie Ihr Glück probieren. Man sagt nämlich, daß Männer mit der Kraft von zehn Pferden die tonnenschweren Felsen zum Wackeln bringen können. Allerdings ist niemand bekannt, dem das Kunststück bisher gelang.

Die B 85 verläuft rechter Hand des Ilztales und bietet im Frühjahr und im Sommer ein besonderes Naturschauspiel; eine Route, die man gemächlich fahren sollte. Dann gelangen Sie gen Abend wieder nach Passau.

② AUF GLÄSERNEN SPUREN

 Von Passau auf einer rund 175 km langen Route auf der Glasstraße über Waldkirchen, Freyung, Kreuzberg, Zwiesel; zum Schluß ein Abstecher in das Freilichtmuseum Tittling.

Diese Autotour führt auf ein Teilstück der erst 1997 eröffneten *Glasstraße,* einer Themenstraße, die im oberpfälzischen Neustadt an der Waldnaab beginnt und auf gut 250 km Länge die künstlerische Welt der Glasherstellung erschließt. Wagen Sie ruhig den einen oder anderen

Abstecher, auch dabei werden Sie gläserne Entdeckungen machen. Denn die Quarzvorkommen des Großen Pfahls *(S. 16)* und die unerschöpflich scheinenden Holzvorräte des Bayerischen Waldes lockten seit dem 14. Jahrhundert die Glasmacher in diese Gegend und machten sie berühmt.

Unsere Tour beginnt in *Passau* im dortigen *Glasmuseum (S. 87)*. Georg Höltl, berühmt auch durch seine »rollenden Hotels«, betätigte sich hier als passionierter Sammler böhmischen Glases. Sein Gläserschatz bildet den Fundus des Museums, dessen Ausstellung mehr als 30 000 Exponate aus verschiedenen Jahrhunderten umfaßt und weltweit einzigartig ist.

Solcherart gerüstet machen Sie sich auf den Weg nach *Waldkirchen (S. 74)*. Die Stadt liegt an einer uralten Handelsstraße, dem Goldenen Steig, der nicht nur zum Transport von Salz, sondern auch für die zerbrechliche Glasfracht benutzt wurde.

Einen kurzen Aufenthalt lohnt das *Museum Goldener Steig,* in dem die Geschichte des Handelsweges anschaulich dokumentiert ist. Von Waldkirchen fahren Sie über Freyung nach Kreuzberg, wo im 18. und 19. Jahrhundert die Volkskunst der Hinterglasmalerei in großer Blüte stand. Heute können Sie Zeugnisse dieser Kunst leider nicht mehr während ihres Entstehungsprozesses, sondern nur noch im Museum bewundern. Die Glasstraße führt von hier aus in nordwestlicher Richtung über Mauth, Glashütte, Weidhütte nach *Spiegelau (S. 74)* und seiner bekannten *Glashütte.* (Sie können

auch die B 533 nach Grafenau nehmen und dort Richtung Spiegelau abfahren.) Auch in dieser Glasfabrik werden Führungen angeboten; im werkseigenen Laden können Sie kunstvolle Souvenirs finden.

Hier gibt es aber auch noch Firmen – die älteste seit 1527 –, in denen die hohe Kunst des Mundblasens gepflegt wird. Die Besichtigung einer solchen Werkstatt und ihrer Kunstwerke sollten Sie keinesfalls versäumen. Nur 14 km weiter nordwestlich liegt *Frauenau (S. 60),* ebenfalls mit einem *Glasmuseum.* In dem Ort selbst wird seit etwa 1400 Glas geschmolzen; die Tradition spiegelt sich im Namen der Familie Poschinger wider, einer der ältesten Industriellenfamilien Deutschlands. Nur noch 6 km sind es bis nach *Zwiesel (S. 57),* überragt vom Backsteinturm der St. Nikolaus-Kirche, die auch für ihre reichen Verglasungen im Jugendstil bekannt ist. Früher zählten die Zwieseler und Pirnaer Farbenglaswerke zu den größten Herstellern von Butzenscheiben. Nach dem Zweiten Weltkrieg wurde das Werk unter der Ägide der Mainzer Schott-Werke zum größten Kelchglashersteller Europas. Zu sehen gibt es hier die vollautomatischen Produktionsanlagen, die täglich bis zu 300 000 Gläser herstellen. Besuchen sollten Sie auch die *Rotwaldglashütte,* denn hier wird die Tradition des Glasmachens noch gepflegt.

Für die Rückfahrt nach Passau wählen Sie am besten ab Regen die B 85. Zwar nicht mehr auf der Glasstraße, gelangen Sie auf halbem Weg zum Freilichtmuseum *Tittling (S. 79).* Hier stehen mehr als 50 Gehöfte, Mühlen und ganze Dorfensembles, um der Nachwelt einen Eindruck vom Leben der Waldbewohner anno dazumal zu vermitteln. Da Tittling im Dreiburgenland liegt, können Sie sich noch für eine kleine Schlössertour begeistern und *Schloß Engelburg*, die *Saldenburg* oder *Burg Füstenstein* besuchen oder – als Steinliebhaber – die Granitsteinbrüche anschauen. Bis zum Ausgangsort Passau sind es dann nur noch rund 30 km.

③ DURCH DEN NÖRDLICHEN BAYERNWALD

 Zwei-Tage-Tour von Kötzting über Arrach, Drachselsried, Bodenmais, Regenhütte, Zwiesel, Regen und zurück. Rund 150 km.

Diese Tour führt Sie zu den Naturschönheiten der Region um die Glasmacherstadt Zwiesel. Vom Ausgangspunkt *Kötzting (S. 40)* nehmen Sie die Straße nach Osten in Richtung Lam, die Sie bei Arrach jedoch wieder verlassen, um dem Wegweiser nach Bodenmais zu folgen. Sollten Sie mehr als einen Tag eingeplant haben, entscheiden Sie sich für eine Wanderung vom Ecker Sattel auf den *Kaitersberg* und zum *Riedelstein.*

Weiter geht die Fahrt dann nach *Bodenmais (S. 47),* einem der bekanntesten Wintersport- und Kurorte des Bayerischen Waldes. Hier folgen Sie den Wegweisern zum *Großen Arbersee,* der erst während der jüngsten Eiszeit entstand und malerisch zwischen hoch aufragenden Wäldern liegt. Nur rund 6 km entfernt, aber genau auf der anderen Seite des Arbers, liegt der *Kleine Arbersee,* den

Sie zu Fuß in weniger als einer Stunde umrunden können. Von den beiden Seen fahren Sie in südöstlicher Richtung auf der Landstraße bis nach Regenhütte, von wo die Fahrt auf der Bundesstraße 11 Richtung Zwiesel weitergeht. Entsprechende Zeitreserven vorausgesetzt, lohnt sich hier eine Wanderung zum urwaldartigen Gebiet *Mittelsteighütte.* Dazu bitte auf den Wegweiser zwischen Regenhütte und Ludwigsthal mit der Aufschrift »Zwieseler Waldhaus« achten! Ein Spaziergang durch diesen unberührten Wald braucht nur eine Stunde lang zu sein, und Sie werden sich in vergangene Jahrhunderte versetzt fühlen – so ursprünglich ist es hier.

Wieder zurück auf der Bundesstraße 11, fahren Sie weiter nach Süden bis nach Ludwigsthal und verlassen die B 11 Richtung Lindbergmühle und fahren weiter zum *Forsthaus Scheuereck* – Ausgangspunkt für eine Wanderung zum *Großen Falkenstein (S. 96).* Diese Tour ist lang und etwas anspruchsvoll; eine schöne Alternative für all diejenigen, die nicht so lange laufen wollen, ist der Besuch des Rotwildgeheges.

In *Zwiesel (S. 57),* dem nächsten Ziel dieser Rundreise, sollten Sie sich auf die Suche nach einem Quartier für die Nacht machen. Am nächsten Morgen starten Sie dann von Zwiesel nach Regen, wo Sie auf die Bundesstraße 85 abbiegen, um zum 22 km entfernten *Viechtach (S. 54)* zu fahren. Nördlich der Stadt erhebt sich der *Große Pfahl (S. 55)* mit seinen fast weißen, gezackten Klippen. Von Viechtach sind es noch 23 km über die Bundesstraße 85 zum Ausgangspunkt Kötzting.

Himmelsleitern und Stierweiden

*Der Bayerisch-Böhmische Wald ist in großen Teilen
Naturschutzgebiet und wie zum Wandern erfunden*

Der Bayerische Wald ist ein echtes Wanderparadies: Wälderrauschen, Stille und wogenartige Höhenzüge. Es gibt keine hochalpinen Steigungen und Schwierigkeitsgrade, doch gutes Schuhwerk ist erforderlich, denn immerhin zählt man über 60 »Tausender«, Gipfel also, die ansehnliches Maß haben.

Durch den kleinen Grenzverkehr mit Tschechien konnten viele neue Fuß-, Rad- und Skiwanderwege in einsame, böhmische Landschaften erschlossen werden.

Grenzkontrollen gibt es nach wie vor, also stets einen Ausweis mitnehmen.

DER SCHÖNLING DES WALDES

 Ein Aufstieg ab Lam zum Osser. 3–4 Std. lange, teilweise steile Bergtour, zur Hälfte Schatten, große Rundsicht.

Andere mögen gewaltiger oder dramatischer sein, der Osser mit seiner wildzerklüfteten Felsformation ist wohl der am schönsten geformte und aussichtsreichste Berg des Bayerischen Waldes.

Von Lam (**113/E 2**) aus geht es ab der Jugendherberge die ersten dreihundert Höhenmeter steil bergan bis zum barocken *Wallfahrtskirchlein Mariähilf*. Von hier aus führt dann der Weg hinauf, »Auf'm Sattel«, mit der grünen Keilmarkierung des Fernwanderweges E 6 *Ostsee–Adria*. Man steigt mit großer Sicht über die *Stierwies* hinauf und erreicht über Felsplatten und -treppen den Kleinen Osser und schließlich auf einer Art Höhenpromenade das *Osser-Schutzhaus*. Unmittelbar an der Bergspitze entlohnt schon das *Unterkunftshaus des Bayerischen Waldvereins* mit Radlermaß und Brotzeiten für die Mühsal, bevor man auch das Gipfelkreuz des Großen Osser (1293 m) erklimmt.

Der leichte Abstieg führt durch unterschiedliche Zonen des Bergwaldes und ist nun reinste Erholung in der artenreichen Vegetation zwischen den Felsriegeln. Helle Wiesen kündigen den Ort *Lohberg* (**113/F 3**) an – und so vorzügliche Gasthäuser wie *Linde* und *Grüne Wiese* (Rückfahrt nach Lam mit Bus, zu Fuß in etwa 2 Std.).

MIT MARCO POLO INS GRÜNE

GEWALTIGE WASSERMASSEN

 Eine 2 1/2-Std.-Tour ab Bodenmais; gutes Schuhwerk erforderlich.

Die Rieslochfälle sind der schönste und größte Wasserfall im Bayerischen Wald. Vom *Hotel Waldhaus* in Bodenmais (**113/F 4**) machen Sie sich auf den Weg, den Riesbach entlang bis zur sogenannten Sprungschanze. Ab hier geht es links auf dem Fußweg weiter durch das Naturschutzgebiet. Sie erreichen die *Rieslochfälle* über die Brücke und auf steinigem Steig aufwärts. Es ist ein gewaltiges Schauspiel:

Auf eineinhalb Kilometern Länge stürzt sich der Bach durch eine Felsrinne, und speziell bei Schneeschmelze rauschen die Wassermassen urgewaltig zu Tal. Ein breiter Felsrand ist der Anfangspunkt für diese sich tempelartig erweiternde Kulisse, die seit 1939 unter Naturschutz steht.

Man entscheidet sich nun entweder für den Rückweg oder für den Rundweg 2 (rot), der in 2 1/2 Std. durch eine gewaltige Wald- und Felsschlucht zurückführt. An den Steilufern sehen wir uralte Fichten, knorrige Buchen, Tannen, Weiden und Heckenkirschen, und an der *Schweickelruhe* ist noch einmal ein wunderbarer Aussichtspunkt zu genießen.

RÄUBERHÖHLE AUF DEM BERG

 4 1/2 Std. um den Kaitersberg: phantastische Ausblicke auf einem wildzerklüfteten, bewaldeten Bergrücken; mittelschwere, abwechslungsreiche Tour.

Der Kaitersberg (**113/D 3**) am Rande der Regensenke gehört mit seinem acht Kilometer langen, schmalen Bergrücken zu den wirklich markanten Gebilden der Bayerwald-Gebirgszone, sehenswert sind vor allem die steil aufgetürmten Felsgruppen.

Sie parken auf der Straße von Deggendorf nach Lam in *Eck* am *Berggasthof (mit Biergarten, Tel. 0 99 45/13 51, Kategorie 3)* und folgen dem markierten Weg zum *Kaitersberg*, dem Hausfelsen der Kötztinger Wanderer. Der Weg führt zunächst zum 1132 m hohen *Riedelstein* (große Fernsicht). Es geht weiter durch die sogenannten *Rauchröhren*, deren senkrechte Wände schon immer etwas unheimlich wirken. Danach aufwärts zum Felsgewirr der *Steinbühler Gesenke*, einer der prächtigsten Gegenden des Waldes. Nach 1 3/4 Std. erreichen Sie die *Kötztinger Hütte* zu einem kräftigenden Mittagstisch. Anschließend geht es über den *Mittagstein* (1035 m; Sicht!) zur *Räuber-Heigl-Höhle*. Der Kaitersberg und seine Umgebung waren einst das Revier des sagenhaften, in Moritaten besungenen Michael Heigl, einer Art »Robin Hood des Waldes«. Über den *Kreuzfelsen* geht es wieder zurück, vorbei an der Kötztinger Hütte, und über den Riedelstein zum Ausgangspunkt in Eck.

500 JAHRE ALTE BAUMRIESEN

 5- bis 6-Std.-Tour auf dem Falkenstein mit Schachten und Wasserfall. Kondition erforderlich; teils steile Wege mit viel Schatten.

Am Falkenstein liegen fünf Naturschutzgebiete, das größte davon ist mit 52 ha das *Höllbachgespreng* (**114/C 4**), das urwüchsigste heißt *Mittelsteighütte* am Zwiesler Waldhaus, mit 500 Jahre alten Baumriesen, die teils einen Umfang von fünf Metern haben.

Sie kommen mit dem Auto in Zwieseler Waldhaus an. Im 18. Jh. wurde hier für die Salzsäumer entlang des »Böhmweges« eine Rast- und Pferdewechselstation erbaut, mittlerweile ist daraus eine teuer ausgebaute Gaststätte mit Hotel geworden. Die grüne Markierung des Europa-Fernwanderweges Nr. 6 führt Sie in zwei Stunden über das Naturschutzgebiet *Mittelsteighütte* den Rücken des *Falkenstein* bergan. Man sollte sich links den Abstecher über den *Ruckowitzschachten* nicht entgehen lassen. Schachten sind alte Weideflächen, auf denen einst Stiere gehütet wurden. Heute lohnen sie einen Besuch wegen ihrer ganz besonderen, oft steppenartigen Vegetation und ihrer melancholischen Beschaulichkeit. Nur noch eine Weile, dann winkt schon die Aussicht des *Großen Falkensteins* (**114/B 4**). Nordwärts wandert man nun weiter über die *Höllbachau* zum Waldlehrpfad in die Urlandschaft des Höllbachgesprengs. Steile Felswände und Blocklabyrinthe: In der tief eingeschnittenen Schlucht zeigen die kaskadenartigen Wasserfälle ein Schauspiel der Natur. Der *Schwellsteg* und der *Schillerweg* führen Sie schließlich ins Tal zurück, damit Sie nun in Zwieseler Waldhaus die Bergstiefel lüften und bei Brotzeit und Bier die Tour beenden können.

HIMMELSLEITER MIT AUSSICHT

 1-Std.-Tour mit teilweise steilen Anstieg. Ab Lusenparkplatz bei Waldhäuser auf dem Winterweg zum Lusenschutzhaus. Verlängerung: Bei guter Kondition in 4 Std. vom Lusen zum Rachel.

Im einst gottgefälligen Bayerschen Wald gibt es selbstverständlich mehrere Himmelsleitern. Eine zum Beispiel führt vom Kleinen zum Großen Arber, eine andere aber auf den Lusen (**122/C 1**), den »nettesten« Gipfel der Gegend. Er ist der Haupt- und Hausberg des südlichen Bayerwaldes und gut besucht.

Der Aufstieg ist kurz, aber er kostet Kraft und Schweiß. Der granitene Berggipfel mit seinen durcheinandergeworfenen Steinblöcken (vermengt mit Quarzstücken und schwerem Turmalin, mal silbergrau, mal grünlich schimmernd) ist immerhin 1370 Meter hoch, der Wind pfeift heftig, aber wer oben ankommt, hat unter sich das »grüne Dach Europas« und manchmal gar freien Blick bis zu den Alpen.

Der Wanderpfad ab dem Lusenparkplatz zieht vorbei an farnigen Grotten und moosbewachsenen Granitfelsen. Sie atmen würzige Luft und werden begleitet vom Rauschen des Wildwassers. Im Windschatten des Gipfels steht die *Lusenhütte*, eine Einkehr für ausgedehnte Brotzeiten. Vom Schutzhaus führt die Himmelsleiter im Fels in fünfzehn Minuten hinauf zur Spitze. Hier oben kann man eine natürliche Grenze ausmachen. Sie wird bestimmt »wie Wasser rinnt und Kugel walzt«, von der Scheide also, wo die Kugel ostwärts oder westwärts rollt. Und so fließen an dieser Scheide die Bäche entweder zur Donau und damit ins Schwarze Meer – oder nach Norden hin, mit der Kalten Moldau zur Nordsee.

Hinzuweisen bleibt auf den

wirklich eindrucksvollen und noch nicht überlaufenen Weg in etwa 4 Std. *vom Lusen zum Rachel*. Er führt den einsamen Grenzkamm entlang und schließt mit einer Einkehr in dem alten und sehr gemütlichen, richtig klassischen *Rachelschutzhaus* (von Mai bis Okt. bewirtschaftet). Wenn die Tagestouristen fort sind, wird es richtig schön. Man sitzt noch vor dem Haus auf den Bänken, später auf ein letztes Bier in der Gaststube. Nun geht der Rückweg zur *Racheldiensthütte* (Parkplatz) oder nach *Waldhäuser* (**122/B 1**). Und wenn man schon mal hier ist, wird man wohl auch den stillen und rätselhaften *Rachelsee* (**115/D 6**) bewundern wollen. Seine Entstehung verdankt er einer Zeit, in der Eis selbst die Gipfel von Rachel und Arber bedeckte. Guter Blick auf den See von *Rachelkapelle* aus, der wohl meistfotografierten Immobilie der Gegend, zuletzt 1972 neu aufgebaut.

SEINE MAJESTÄT, DER ARBER

In gut einer Stunde vom Kleinen Arbersee auf den Berg; Höhenunterschied 500 m; beschwerlich und meist überlaufen. Eine gute Alternative: Auffahrt per Sesselbahn (Blick nach Böhmen) und freies Wandern auf dem ausgedehnten Gipfelmassiv.

Zu bekannt und zu gerühmt ist sein Name, als daß man ihn links liegenließe. So ist es nun mal mit Stars und Majestäten, auch wenn es hier um einen Berg geht, den Arber, 1456 m hoch, König des Bayerwaldes und erdgeschichtlich älter als Zugspitze, Watzmann oder Montblanc. Und seine Beliebtheit ist begründet: Rund um den Hauptkamm des Arbers (**114/A 4**) ist die Landschaft am urigsten, sind die Berge am höchsten, und alles ist weites Waldgebirge. (Der Berg gehört übrigens in großen Teilen dem Fürsten von Hohenzollern-Sig-

Ein Blick aus der Ferne auf Seine Majestät, den Arber

maringen). Im Winter schaufeln hier ein Dutzend Skilifte. Das bekannteste Skigebiet liegt bei Bayerisch Eisenstein. Charakteristisch sind die skurrilen, von eisigem Wind verzauberten Schneegebilde aus Wald und Einsiedlerbäumen.

Hoch oben läßt sich's auf dem weiten Bergplateau stundenlang herumlaufen, überall eröffnen sich neue Ausblicke. Die vier großen Felsgrate werden begrenzt von einem markanten Brocken, dem sogenannten *Richard-Wagner-Kopf*. Eine sehr schöne Aussicht hat man vom *Mittagsplatz* aus, mit Blick auf den kleinen, aber sehr tiefen Großen Arbersee und die 400 m steil aufragende Seewand.

EIN KATZENSPRUNG NACH »DRÜBEN«

Einfacher Weg von Haidmühle ins Böhmische, etwa 2 Std. (im Winter auch gut per Ski), Rückfahrt per Bahn; Personalausweis erforderlich (für Hunde wird Impfpaß benötigt).

Den Grenzübergang *Haidmühle-Nove Udoli* (Neutal), geöffnet tgl. 9–21 Uhr, erreicht man nach 1,5 km von der Ortsmitte von Haidmühle (**123/F 3**) aus. Hier ist der Parkplatz, danach geht es linksseitig im Wald an der Grenze entlang (tschechischer Bahnhof nach 500 m). Es ist ein gemütlicher Weg auf der Forststraße bis zur Ortschaft *Stozec* (Tusset, **123/F 2**) mit Einkehrmöglichkeit. Zurück geht es ganz bequem mit einer nostalgischen Bahn (Fahrtkosten in Kronen!, Umtausch bei Bank und Postamt Haidmühle möglich).

DREI SESSEL IM MEER

Leichter Aufstieg in zwanzig Minuten zum Dreisesselfelsen (1330 m) mit Einkehrmöglichkeit im Berggasthof.

Am Dreisessel kann man zwar nicht baden, ein Meer aber gibt es trotzdem, allerdings ein steinernes am Südhang des Berges. Es war der Wechsel von eiszeitlichem Nachtfrost und Tageswärme, der zu ständigen Frostsprengungen führte und dieses »Meer« aus Granitblöcken schuf. Sie erreichen das sehenswerte Ziel über die Anfahrt Haidmühle (**123/F 3**) und halten am Dreisesselparkplatz. Schon nach zwanzig Minuten sind Sie auf der Bergkuppe angekommen, um die drei Steintürme im Granitmeer zu bewundern. Durch den lichten Wald führt in 15 Minuten ein lohnender Abstecher zum Hochstein, 1331 m.

Vom *Hochstein* wie vom Dreisessel bietet sich ein umfassender Blick, auch weit hinüber ins andere Land, hinunter ins Tal der Moldau, wo Adalbert Stifters Wiege stand. Seit 1957 wird der Fluß hier zu einem gigantischen See von 42 km Länge aufgestaut, um ein Kraftwerk zu betreiben. Ganze Dörfer versanken in den Fluten. Der Nordhang des Böhmerwaldes wurde nach dem Zweiten Weltkrieg mit der Vertreibung der Deutschen entvölkert, die Dörfer vernichtet, doch *Oberplan*, der Geburtsort Stifters am Nordufer der Moldau, steht noch. In *Bärnstein,* 1077 m, gibt es eine nur zu Fuß erreichbare Aussichtskanzel auf einer Granitfelsburg, die einen der schönsten Blicke auf Moldau und Oberplan bietet.

Durch das »Steinerne Meer« führt übrigens auch der *Witiko-* oder *Stiftersteig* in 1 1/4 Std. zum *Rosenberger Gut*, dem früheren Arbeits- und Erholungsort Stifters. In der heutigen Jugendherberge kann man die Arbeitsräume des Dichters sehen.

AM SCHWARZEN FLUSS

 **2–3 Std. langer, bequemer Flußwanderweg vom Markt Perlesreut aus mit Ab- und Aufstieg ins Ilztal.**

800 Jahre lang (bis 1803) war die Ilz Grenzfluß zwischen Bayern im Westen und dem fürstbischöflich-passauischen Land. Die Burgen den Strom entlang dienten der Grenzwacht und dem Schutz der Handelswege des »Goldenen Steigs«. Ihr schwarzes Wasser verdankt die Ilz dem Gehalt an Humussäure und moorhaltigen Bachläufen. Die einst betriebene Perlmuschelfischerei ist längst aufgegeben, auch wenn es hier und da wieder Perlen geben soll.

Ausgangspunkt ist der Parkplatz *Oheblick* im alten Marktflecken *Perlesreut* (**122/B 4**). Von hier aus führt der markierte Weg auf dem *Pandurensteig* entlang, einer Strecke, die von Waldmünchen nach Passau führt. Es geht beim Nikolaus-Kirchlein (Schlüssel beim Wirt) in Richtung Tittling bis zur Abzweigung Kirchberg. Sie wandern weiter über die Ortschaft *Ellersdorf* hinunter ins Ilztal, dann links den zunächst noch behäbigen Fluß entlang. In der *Dießensteiner Leite* schließlich verwandelt die Ilz jäh ihr Gesicht, entwickelt sich zu einem tosenden Katarakt. Die Strecke wird gerne zu Wildwasserregatten für Kanus genutzt. Hoch darüber sehen wir die *Burgruine Dießenstein*, die 1742 von Franz Freiherr von der Trenk, dem Pandurenführer, zerstört wurde. Weiter passieren Sie die *Dießensteinmühle*, immer links der Ilz entlang, bis ein Markierungsschild (Nr. 8) den Weg zurück (über Kirchberg) zum Ausgangspunkt weist. Wer weiter will, erreicht nach 6 km die *Schrottenbaummühle*, ein nettes Ausflugslokal mit Sägewerk.

LEHRPFADE MIT UND OHNE WILDE TIERE

 8 km langer Weg als Rundweg durch die Gehegezone. Fernglas ist nützlich. Ausgangspunkt: Parkplatz am Nationalparkhaus oder in Altschönau.

Wer Urwald erleben und viel über den Wald erfahren will, findet im Nationalpark wahrlich Schätze. Um dieses Naturparadies zu vermitteln, wurden Lehrpfade eingerichtet.

Der *Urwald-Eiszeit-Lehrpfad* führt als Rundweg von der Racheldiensthütte zum Rachelsee (**115/D 6**) und zur Felskanzel (2 Std.).

Der *Waldlehrpfad* ab Parkplatz Kreuzstraße bei Neuschönau (**122/B 2**) erläutert die Entwicklung des Bergmischwaldes (2–2 1/2 Std.); bei Finsterau (**123/D 1**) liegt ein zweiter Waldlehrpfad.

Der *Bergbach-Lehrpfad* führt vom alten Holzlagerplatz ab der Fredenbrücke (1 km unterhalb Waldhäuser) an der Kleinen Ohe entlang bis zur Martinsklause, einer früheren Holztrift, und weiter zur Felsschlucht des Teufelsloches, in der unter den Granitblöcken der Oberlauf der Kleinen Ohe zu hören ist (1–2 Std.)

Empfehlenswert für einfache Kraxler sind die Felswanderzone unweit vom Nationalparkhaus (hier weisen markierte Wege zu den schönsten Aussichtskanzeln) und nicht zuletzt das *botanische und geologische Freigelände* am Nationalparkhaus selbst.

Familien mit Kindern werden sich nach der *Gehegezone* sehnen, auch wenn dieser Weg gelegentlich stark frequentiert ist. Zu sehen gibt es (wenn sie sich denn blicken lassen, denn ein Teil der Bewohner verläßt seine Einstände und Höhlen nur in der Dämmerung) rund 30 Tierarten, darunter Wisent, Wolf, Braunbär, Rothirsch, Fuchs, Luchs, Wildschwein, Bussard, Eule, Uhu oder Fischotter.

RADELN IM DONAUTAL

Eine 20 km lange, ebene und autofreie Radtour mit Flußüberquerung und besten Einkehrmöglichkeiten.

Schon beim Ausgangspunkt *Jochenstein* (**125/E4**) unterhalb von Passau kann man sich, bevor man in die Pedale steigt, noch mal kräftig stärken. Im *Gasthaus Kornexel* gibt es wunderbare und preiswerte Donaufisch-Spezialitäten (oder man spart sich diesen Genuß für den Abend auf). Dann beginnt eine sehr schöne und vor allem bequeme und autofreie Tour entlang des Donauradwegs von Passau bis Wien. Die kürzeste Strecke mit 20 km führt Sie dabei zur *Schlögener Schlinge*, hier überqueren Sie die Donau – gönnen sich eine Pause – und fahren zurück am rechten Ufer bis zum Stauwerk Jochenstein.

Die Touren am Fluß lassen sich wunderbar kombinieren. Als Tages- oder Mehrtagesfahrten (sogar bis Wien), als Rundum-Radtouren oder in Verbindung mit einer Rückfahrt per Schiff oder Bahn. Empfehlenswert ist eine Tagestour nach Linz, Rückfahrt per Dampfer.

RAST AUF DEN STIERWEIDEN

Ausdauer erfordernde, 7–8 Std. lange und teils einsame Tour über die hoch gelegenen Schachten an der Grenze (Frauenau – Buchenau – Schachtenstraße – Frauenau); meist gute Wanderwege und Forststraßen, aber auch schmale Pfade; erforderlich Kartenmaterial, Proviant, gute Wanderausrüstung und Regenschutz.

Radeln mit Kind und Kegel ist im autofreien Donautal ein Vergnügen

Sie gelten als die »Perlen im Waldmeer« und sind einzigartige landschaftliche Höhepunkte: gespenstisch, voller Melancholie, Ruhe, Abgeschiedenheit, ein Naturerleben pur – die Schachten des Bayerischen Waldes. Es sind jene freien Flächen des Grenzgebirges, die vor über 300 Jahren von Bauern herausgerodet wurden, um darauf Vieh zu weiden. Noch heute künden die knorrigen und mächtigen Ahorne und Buchen, die als Unterstandbäume dienten, davon; und wenn auch keine Stiere mehr zu finden sind, so ist sowohl von harter Arbeit als auch herbem Charme früherer Tage etwas zu spüren.

In diesen Naturparadiesen hat sich eine charakteristische Pflanzenwelt erhalten, mit seltenen Gräsern und einsamen Hochmooren. Besonders im Spätherbst zeigen die Schachten die mystische Seite des Bayerisch-Böhmischen Waldes, in dem es eine große Tradition an Sagen und Geschichten gibt, die um Wildschützen und Schwärzer (Schmuggler), wilde Nächte und gefährliche Geister kreisen.

Der *Große Latschensee* nahe Buchenau mit seinem dunkelbraunen, torfhaltigen Wasser (1 m Tiefe) ist eines der eindrucksvollsten Naturreservate, zu dem von der Hochschachtenstraße ein Bohlensteg führt. Tausend Jahre dauert es übrigens, bis sich eine Torfschicht von nur einem Meter gebildet hat.

Von *Frauenau* (**114/C 6**) geht es zunächst nach *Buchenau* (**114/C 5**) bergwärts, auf der Forststraße kommen Sie zu den ersten Schachten um den *Wiesfleckriegel*. Hier arbeitet sich die Hoch-

schachtenstraße in großen Serpentinen zum Grenzkamm hinauf. Sie erreichen den *Kohlschachten*, den mit seinem knorrigen Baumbestand wohl ursprünglichsten Schachten. Ein stiller Pfad führt durchs Latschenfilz am Kohlweiher vorbei zum *Großen Schachten* (oder Hochschachten, 1150 m), an dem noch bis in die 60er Jahre Weidevieh aufgetrieben wurde. Über die Alm und das Schachtenfilz geht es zum *Verlorenen Schachten*. Und nun heißt es Absteigen, im weiten Bogen ins Tal des Kleinen Regen hinab. Am Weg liegt ein Forsthaus, und später staunen Sie über die mächtige *Trinkwassertalsperre*, bevor Sie wieder nach Frauenau zurückwandern.

 Einst schleppten hier auf dürftigen Wegen die Saumzüge der Handelsleute ganze Schiffsladungen von Wein, Südfrüchten, Seide, Edelmetall und Salz, heute treten die Besucher zum Vergnügen in ihre Spuren. Die Fremdenverkehrsverbände organisieren das »Wandern ohne Gepäck«. Der *Fremdenverkehrsverband Ostbayern* in Regensburg (*Tel. 09 41/58 53 90*) bietet Touren auf dem *Pandurensteig* an, einer 178 km langen Strecke von Waldmünchen (**114/C 1–2**) nach Passau (**124/C 3**). Das *Verkehrsamt Bischofsmais (Tel. 0 99 20/94 04 44)* veranstaltet etwa neunmal pro Jahr auf dem *Böhmweg* von der Donau zur Moldau eine Tour in vier Etappen (zu je drei bis fünf Gehstunden). Anreise ist samstags, Termine auf Anfrage, Preis ab 225 Mark, Kinder bis zu 12 Jahren frei.

Von Auskunft bis Zoll

Hier finden Sie kurzgefaßt die wichtigsten Adressen und Informationen für Ihre Reise in den Bayerischen Wald

AUSKUNFT

Fremdenverkehrsverband Ostbayern e.V.
Luitpoldstr. 20, 93047 Regensburg, Tel. 0941/58 53 90, Fax 58 53 9 39

Bayerischer Waldverein e.V.
Angerstraße 39, 94227 Zwiesel, Tel. 09922/92 65, Fax 92 65

AUTO

Das Straßennetz ist hervorragend. Die Grenzlandhilfe bescherte dem einst rückständigen Gebiet engmaschige Verkehrsverbindungen. Und von der A 3 aus läßt sich jeder Punkt im hinteren Wald in maximal einer Stunde erreichen. Die vielen Trassen lassen Kritiker schon von »Straßenbauorgien« sprechen. Der Ausbau der Straßen begünstigte auch die Raserei, Niederbayern hat eine extrem hohe Unfallquote.

BAHN – BUSSE

Viele ehemalige Bahnverbindungen wurden durch ein Busnetz ersetzt. Hauptbahnstrecken sind heute Plattling–Bayerisch Eisenstein und die Linie Straubing–Furth im Wald bzw. Lam. Einzige Station im unteren Wald: Grafenau. Für Liebhaber: Ein historischer Dampfzug der Regentalbahn verkehrt zwischen Lam und Blaibach von Juli bis September jeweils sonntags.

BERGBAHNEN

Sie gibt es als Sessellifte am Arber, am Silberberg bei Bodenmais, am Geißkopf in Unterbreitenau bei Bischofsmais und am Hohen Bogen Nähe Neukirchen beim Heiligen Blut.

BERGHÄUSER

Sie bieten sich als einfache, aber preiswerte Wanderstützpunkte an. Neben den oft ganzjährig geöffneten Schutzhäusern des Bayerischen Waldvereins in Zwiesel (*Angerstr. 39, 94227 Zwiesel*; Voranmeldung empfehlenswert) gibt es viele Berggasthöfe in Privatbesitz. Besonders urig unter den Bergschutzhäusern: die Rachelhütte.

PRAKTISCHE HINWEISE

CAMPING

Campingplätze gibt es rund 30, darunter geradezu luxuriös ausgestattete Plätze wie z.B. in Zwiesel und Lackenhäuser. Auskunft erteilt die Campingplatzvermittlung des ADAC in Stuttgart: Tel. 0711/280 01 38.

FERIENHÄUSER

Rund 20 Feriendörfer mit meist dreieckigen Holzhäuschen und modernen Freizeitanlagen sind über das ganze Gebiet verteilt, besonders viele finden sich etwa um Freyung. Sie sind natürlich gerade für Familien mit Kleinkindern geeignet. Die Fremdenverkehrsvereine der Gemeinden erteilen Auskunft.

JUGENDHERBERGEN

In Verbindung mit Berghütten (bewirtschaftet vom Bayerischen Waldverein, Zwiesel) sind Jugendherbergen so plaziert, daß man sie in Tageswanderungen gut erreichen kann. Die Herbergen sind teils auch auf Familien eingerichtet. Auskunft: *Bayerisches Jugendherbergswerk, Mauerkircherstr. 5, 81607 München, Tel. 089/922 09 80, Fax 92 20 98 40*

MÄRCHENPARKS

Die Freizeitindustrie bietet Kindervergnügen in den Märchenwäldern am Großen Arbersee, in Bischofsreut, in Eging am See und Lambach bei Lam. Die Angebote sind freilich oft dürftig. Ostbayerns größter Freizeitpark auf 70 000 qm ist der Churpfalzpark Loifling (mit Gartenschau) südlich von Cham.

PRIVATUNTERKÜNFTE

Privatquartiere sind kaum woanders so billig (ab 20 Mark, mit üppigem Frühstück) wie hier. Auch Bauernhöfe haben immer häufiger Gästezimmer oder auch Apartments. Gut bebilderte Kataloge gibt es in den Fremdenverkehrsbüros oder im Internet.

REISEZEIT

Auch wenn am Bahnhof Klingenbrunn im Nationalpark noch immer deutsche Minustemperaturrekorde gemessen werden, scheinen sich die extremen Winter früherer Jahre nur noch selten zu wiederholen. Die langen Tage im späten Frühjahr, wenn die Wiesen schon bunt sind und im Kontrast zum dunklen Grün des Waldes stehen, gelten vielen Wanderern als beste Zeit, die Landschaft zu Fuß zu erkunden. Andere bevorzugen die farbenprächtige Landschaft und Atmosphäre des Herbstes bis spät in den Oktober hinein, mit beständigerem Wetter und Fernsicht. Hochsaison jedenfalls ist im Juli und August. Der Winter zeigt auf großartigen Loipen tiefverschneiten Hochwald. Wintersport ist von Dezember bis April am Arber und in Mitterfirmiansreuth schneesicher.

WANDERN

Die 180 km lange Hauptwanderlinie ist Teilstück des Fernwanderweges Ostsee—Adria. Den Bergkamm durchzieht ein gut markiertes Wegenetz, das im Nationalpark stark frequentiert ist. Der »Baierweg« führt 175 km von der Donau nach

Böhmen, der »Böhmweg« von Deggendorf nach Bayerisch Eisenstein, der »St. Guntherweg« (47 km) von Niederaltaich nach Zwiesel. Besonders attraktiv sind die Grenzwanderung (15 km) vom Lamer Winkel bis zum Großen Osser und der Ilztalwanderweg (Gepäcktransport ist möglich, Info bei den Verkehrsämtern).

WINTERSPORT

Die Gebiete um Mitterfirmiansreuth, Arber und Haussten-Rusel sind bis Ende März schneesicher. Aktuelle Informationen über Schneeverhältnisse im *Winterjournal* des Tourismusverbands Ostbayern, Regensburg, *Tel. 0941/58 53 90*, oder unter *ADAC-Info-Tel. 01805/23 22 21.*

ZOLL/GRENZVERKEHR

Für den Grenzübertritt nach Tschechien und nach Österreich genügt der Personalausweis. Pflichtumtausch in tschechische Kronen ist nicht mehr erforderlich. Viele Reisebüros in den Grenzorten veranstalten Tagesfahrten nach Eger, Karlsbad, Marienbad und Prag. Einfuhr aus der Tschechischen Republik: 200 Zigaretten, 1 Liter Schnaps oder 2 Liter Sekt/Wein.

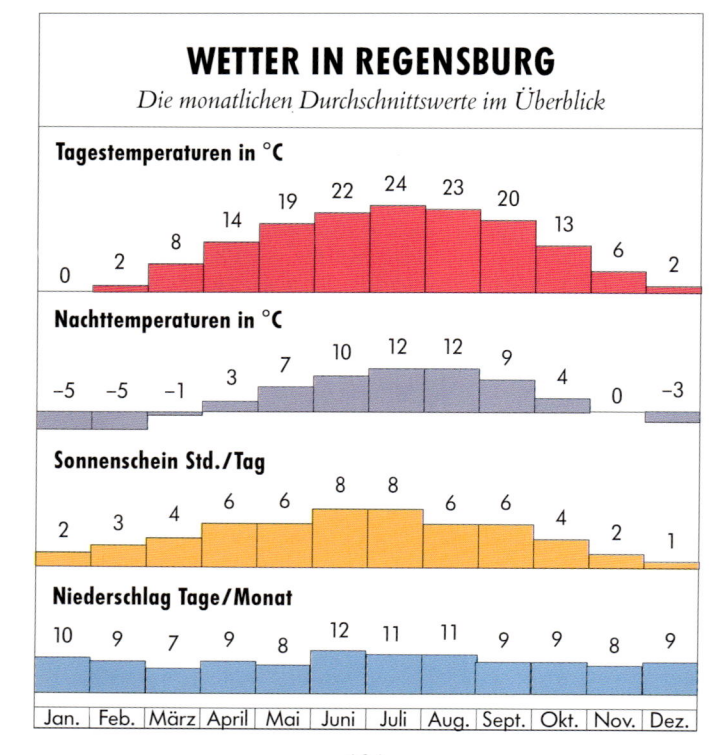

WETTER IN REGENSBURG
Die monatlichen Durchschnittswerte im Überblick

Tagestemperaturen in °C

Jan.	Feb.	März	April	Mai	Juni	Juli	Aug.	Sept.	Okt.	Nov.	Dez.
0	2	8	14	19	22	24	23	20	13	6	2

Nachttemperaturen in °C

Jan.	Feb.	März	April	Mai	Juni	Juli	Aug.	Sept.	Okt.	Nov.	Dez.
–5	–5	–1	3	7	10	12	12	9	4	0	–3

Sonnenschein Std./Tag

Jan.	Feb.	März	April	Mai	Juni	Juli	Aug.	Sept.	Okt.	Nov.	Dez.
2	3	4	6	6	8	8	6	6	4	2	1

Niederschlag Tage/Monat

Jan.	Feb.	März	April	Mai	Juni	Juli	Aug.	Sept.	Okt.	Nov.	Dez.
10	9	7	9	8	12	11	11	9	9	8	9

Bloß nicht!

Zu guter Letzt einige Tips, wie Sie unangenehmen
Erlebnissen aus dem Weg gehen können

Ohne Karten wandern

Ohne Ortskenntnisse sollten Sie nur mit Karten auf Tour gehen. In den dichten Wäldern kann man sich leicht verlaufen, besonders in den Hochmooren. Wetterumschwünge sind zu beachten, Gefahr droht, wenn man schutzlos Gewitter oder Schnee-Einbrüchen ausgeliefert ist.

In Naturschutzgebieten und im Nationalpark dürfen die ausgezeichneten Wege ohnehin nicht verlassen werden. Da der Wald belassen wird, wie er ist, und sich entwickelt, werden auch Gefahrenstellen nicht beseitigt. Im Winter riskieren wilde Langläufer, von Geäst oder Bäumen verletzt zu werden, die unter der Schneelast zusammenkrachen. Daß Papier und andere Abfälle nicht einfach weggeworfen werden und im Waldgebiet nicht unnötig gelärmt und gejodelt wird, sollte ohnehin selbstverständlich sein.

Die ausgeschilderten Gehzeiten für Wanderstrecken sind Durchschnittszeiten, Langsamgeher sollten daher ein paar Minuten mehr einrechnen.

Wild über die Grenze gehen

Die Grenze zu Tschechien ist zwar nicht mehr vermint und meistenteils auch durch keinen Zaun mehr gekennzeichnet, wilde Übertritte aber werden durch tschechische Grenzer (die nicht unbedingt im Unterholz lauern) immer wieder auch mit Festnahmen geahndet. Es empfiehlt sich, die gekennzeichneten Übergänge zu benutzen und immer einen Ausweis mitzuführen.

Im schrillen Outfit Fahrrad fahren

Mountainbiker sollten besser auf neonfarbenes, grelles Fahrrad-Outfit verzichten, um Tier und Mensch nicht zu erschrecken. Es wird Ihnen zwar niemand Kleidervorschriften machen, aber Sie tun der Kultur der Gegend ein Gutes, wenn Sie auch auf Bauernbühnenverkleidung oder schrille Freizeitkluft verzichten. Sie paßt so wenig hierher wie ein Surfbrett auf den Arbergipfel.

Zeckenbisse übersehen

Der Bayerische Wald zählt zu den Regionen Bayerns, in denen durch Zeckenbisse die Infektionskrankheiten Borreliose und FSME übertragen werden können, Entzündungen von Gehirn oder Gehirnhaut. Erkrankungen beginnen häufig mit grippeartigen Infekt. Ratsam ist, abends den Körper auf Zecken hin zu untersuchen. Ärzte empfehlen, sich vorsorglich vier Wochen vor Urlaubsbeginn impfen zu lassen. Nach einem Biß das Tier schonend entfernen (nicht quetschen, sondern herausdrehen) und unbedingt Arzt oder Krankenhaus aufsuchen.

Zu den Stoßzeiten auf die Hauptverkehrsstraßen

Zu den Stoßzeiten sollten Sie die Grenzübergänge Philippsreut oder Bayerisch Eisenstein meiden, außer Sie sind ein Fan stundenlanger Staus. Die Hauptverbindungsstraßen zur Tschechischen Republik sind inzwischen zu regelrechten Autoputs geworden, mit einer fast so hohen Verkehrsdichte wie auf vielbefahrenen Autobahnen.

Zu Semmeln Schrippen sagen

Der Waldler ist ein karger, gelegentlich verschlagener Menschentyp und Fremden gegenüber nicht auf Anhieb hilfsbereit, im Grunde aber sehr entgegenkommend bis gesellig. Anpassungsfähig aber sollte auch der Tourist sein und auf Eigenheiten achten. Für Spott oder gar Herablassung gibt's keinen Grund. Eine Hilfestellung für den Unkundigen: Butter heißt »der Butter«, das ist bairisch und deshalb grammatikalisch nicht verkehrt. Sein Bier bestellt man als »eine Halbe« (0,5 Ltr.) oder »a Maß« (1 Ltr.). Schnaps gibt's als »Stamperl«. Zur Limo kann man auch »Kracherl« sagen. Eine »Radlermaß« ist eine Mischung aus hellem Bier und weißer Limonade, eine »Russenmaß« besteht je zur Hälfte aus Limo und Weißbier. Semmeln heißen selbstredend Semmeln. Man sagt nicht Brötchen oder Schrippen. Und Schwammerl sind keine Ungeziefer, sondern Pfifferlinge, Rotkappen, Maronen und andere Pilze.

Die Natur unnötig belasten

Natürlich ist auch im Bayerischen Wald die Luft zunehmend belastet, sterben Tannen und Fichten, leiden Kunstdenkmäler. Landschaften werden noch immer brutal zersiedelt und für großstädtische Verkehrsflüsse erschlossen. Durch den Ansturm der Besucher wird die Natur vielfach mit Füßen getreten, sind Berggipfel der Bodenerosion preisgegeben. Kritiker mahnen, daß die Kultur der Region zu einer »Mischung aus Feuerwehrfest, Sexfilm, Leonhardi-Ritt und Volkshochschule« verkomme. Bedenken Sie immer, daß es den Erholungswert der Landschaft und die Seele dieser Heimat, das »Waldwesen«, zu schützen gilt. Den besten Dienst am eigenen Vergnügen leistet der sanfte, der überlegte Tourist.

Reiseatlas
Bayerischer Wald

*Die Seiteneinteilung für den Reiseatlas finden Sie
auf dem hinteren Umschlag dieses Reiseführers*

114

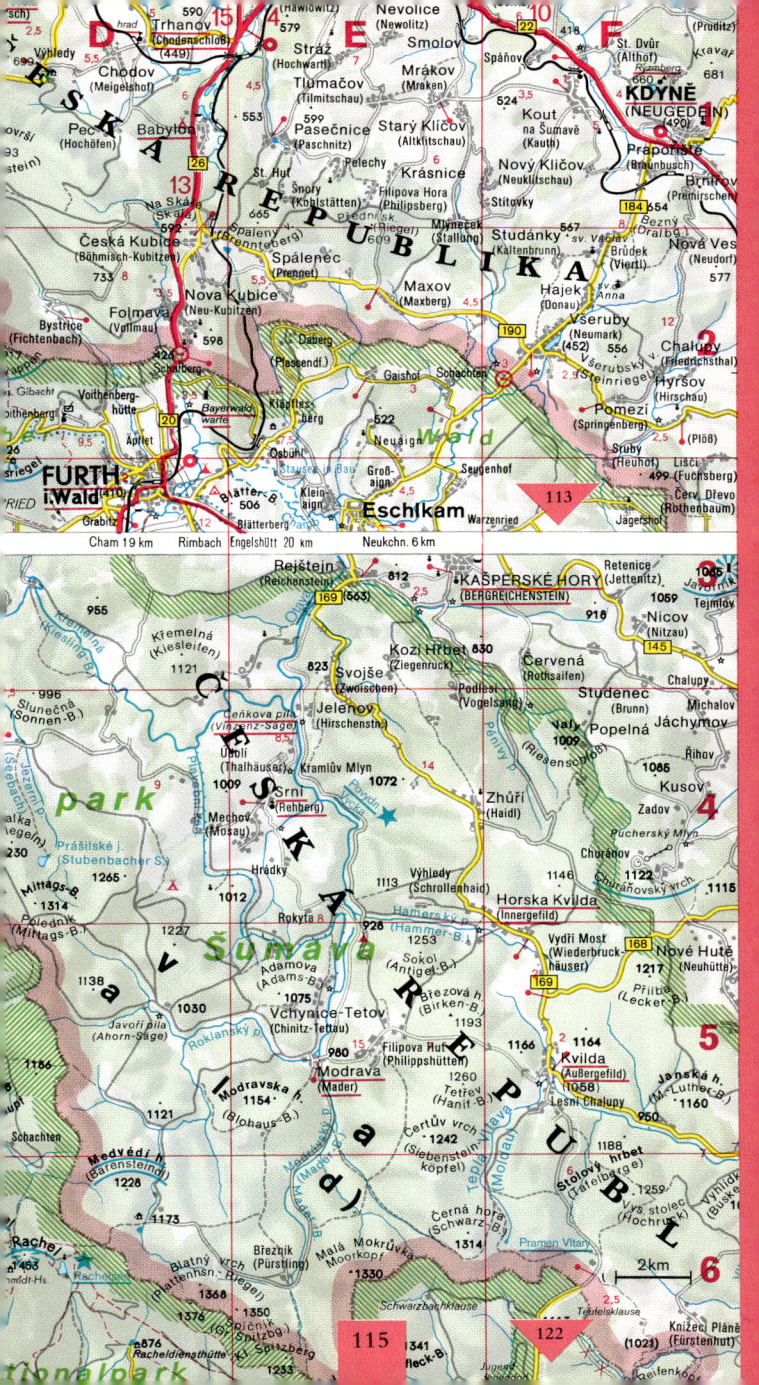

116

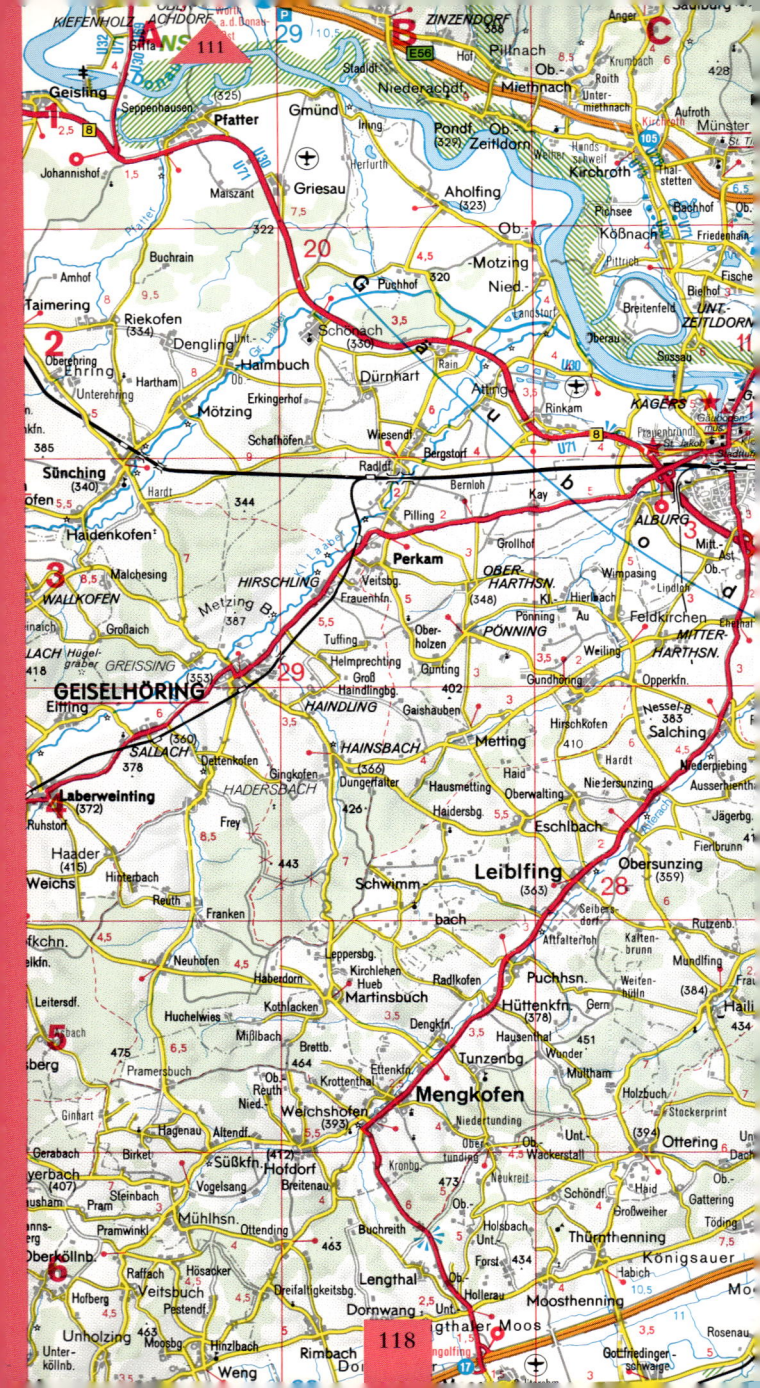

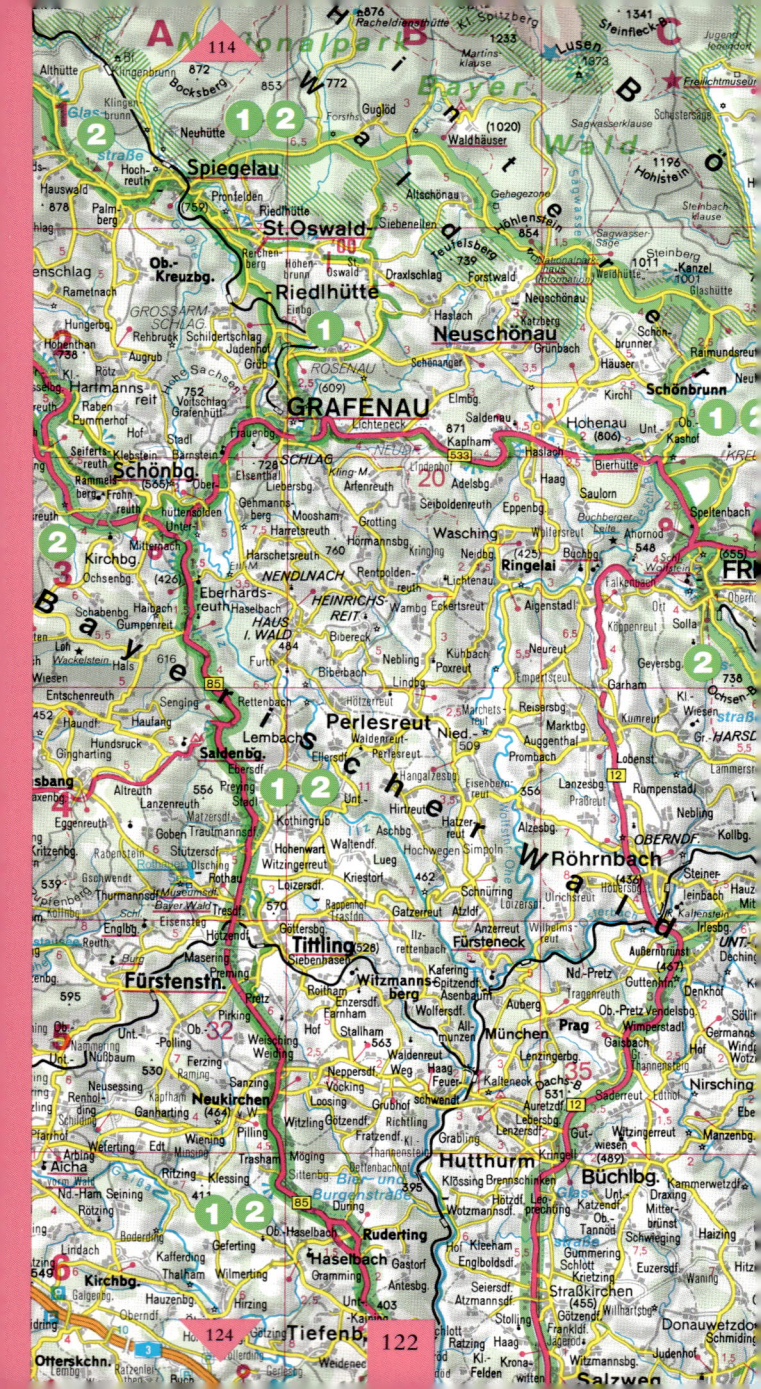

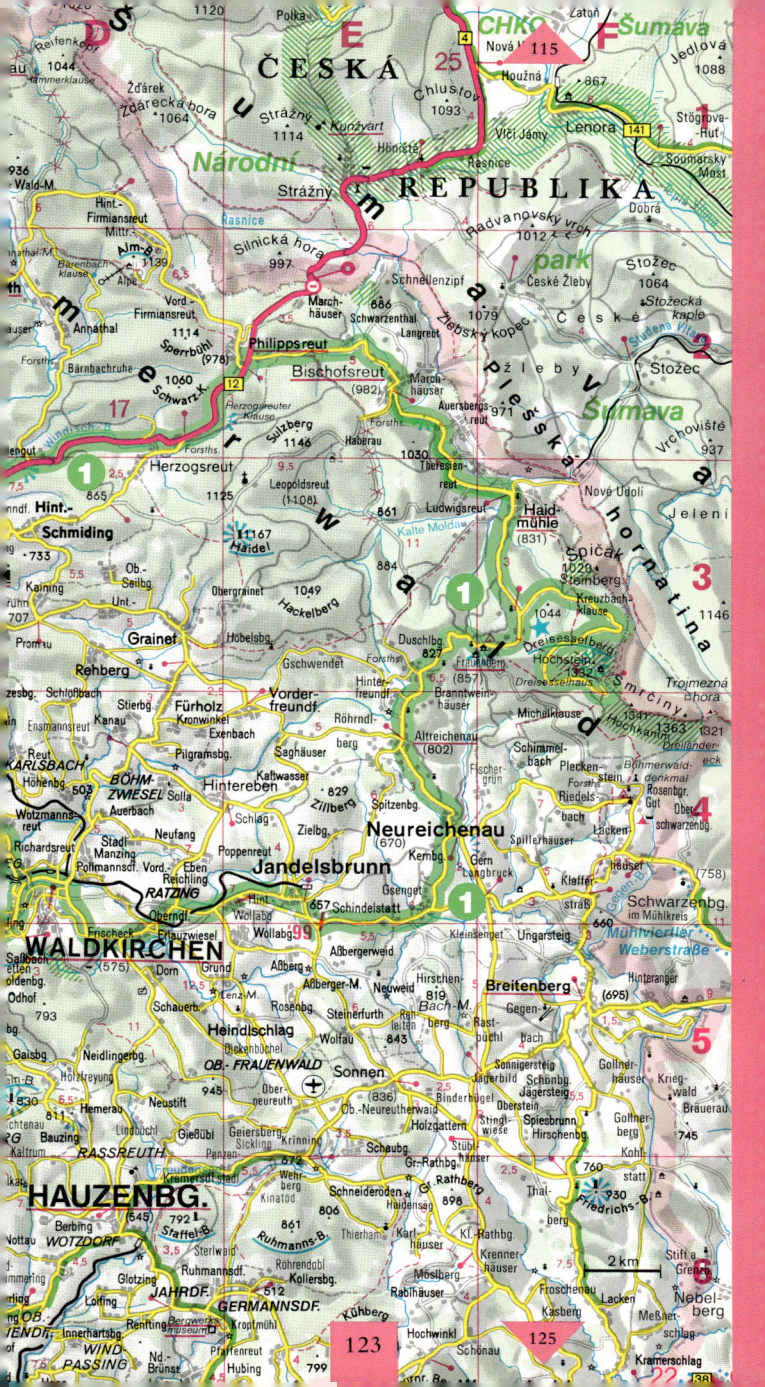

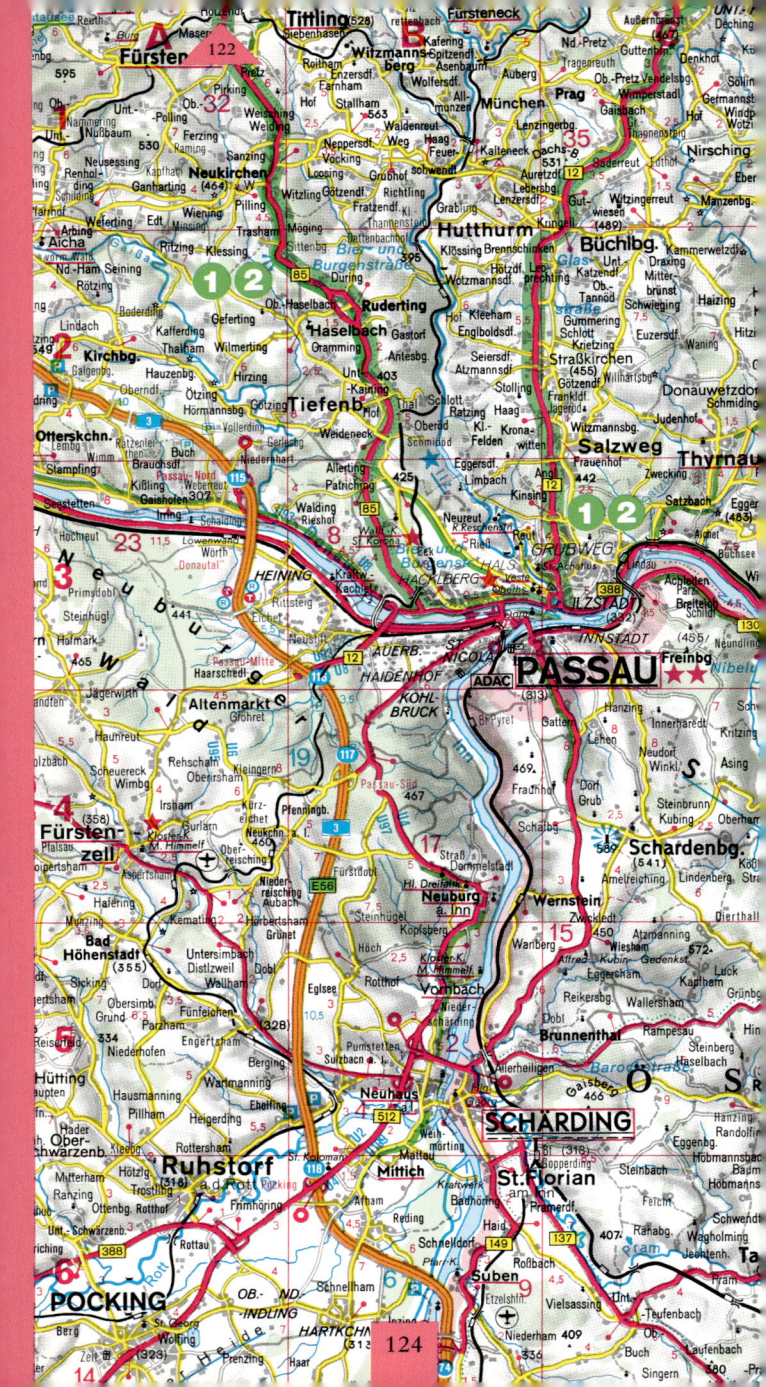

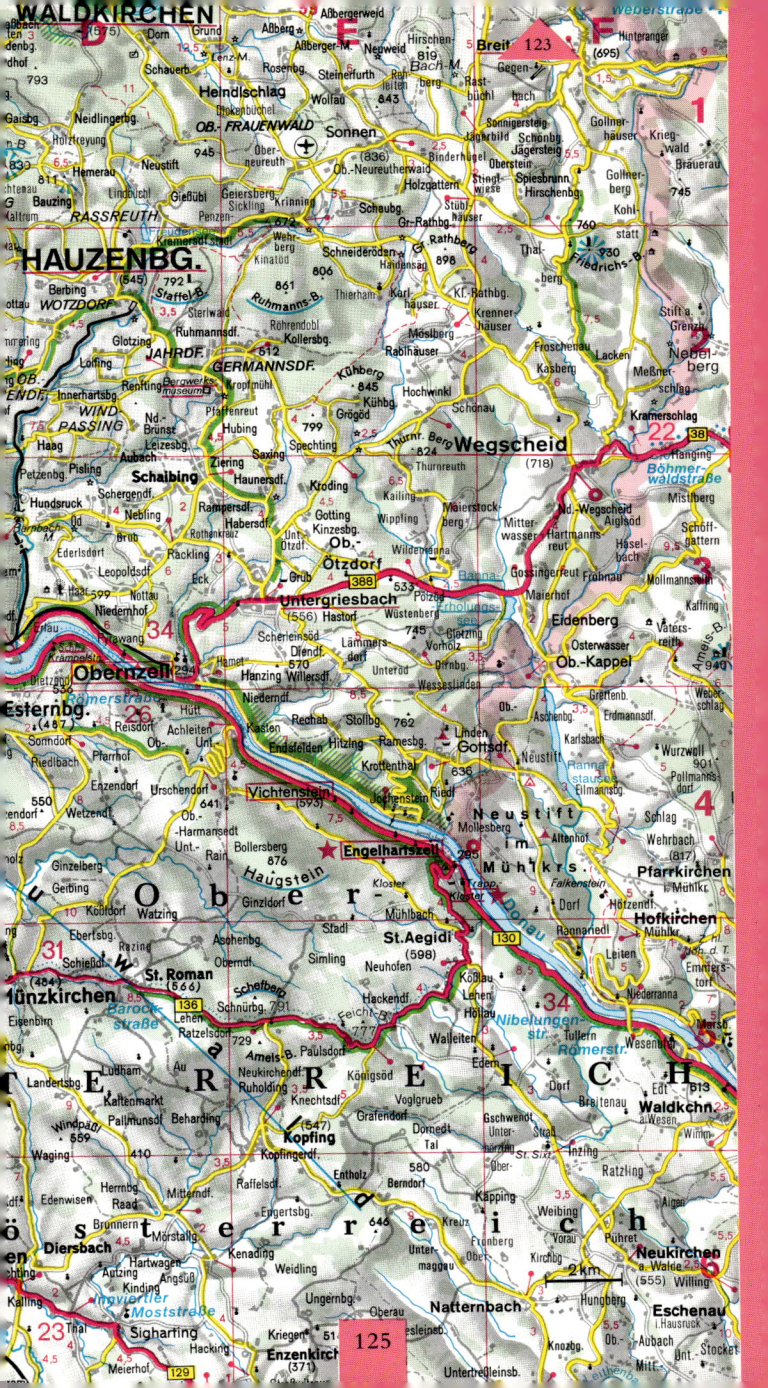

LEGENDE REISEATLAS

Autobahn · Gebührenpflichtige Anschlußstelle · Gebührenstelle · Anschlußstelle mit Nummer · Rasthaus mit Übernachtung · Raststätte · Erfrischungsstelle · Tankstelle · Parkplatz mit und ohne WC		Motorway · Toll Junction · Toll station · Junction with number · Motel · Restaurant · Snackbar · Filling-station · Parking place with and without WC
Autobahn in Bau und geplant mit Datum der Verkehrsübergabe		Motorway under construction and projected with completion date
Zweibahnige Straße (4-spurig)		Dual carriageway (4 lanes)
Bundesstraße · Straßennummern		Federal road · Road numbers
Wichtige Hauptstraße		Important main road
Hauptstraße · Tunnel · Brücke		Main road · Tunnel · Bridge
Nebenstraßen		Minor roads
Fahrweg · Fußweg		Track · Footpath
Wanderweg (Auswahl)		Tourist footpath (selection)
Eisenbahn mit Fernverkehr		Main line railway
Zahnradbahn, Standseilbahn		Rack-railway, funicular
Kabinenschwebebahn · Sessellift		Aerial cableway · Chair-lift
Autofähre		Car ferry
Personenfähre		Passenger ferry
Schiffahrtslinie		Shipping route
Naturschutzgebiet · Sperrgebiet		Nature reserve · Prohibited area
Nationalpark, Naturpark · Wald		National park, natural park · Forest
Straße für Kfz gesperrt		Road closed to motor vehicles
Straße mit Gebühr		Toll road
Straße mit Wintersperre		Road closed in winter
Straße für Wohnanhänger gesperrt bzw. nicht empfehlenswert		Road closed or not recommended for caravans
Touristenstraße · Paß	Weinstraße 1510	Tourist route · Pass
Schöner Ausblick · Rundblick · Landschaftlich bes. schöne Strecke		Scenic view · Panoramic view · Route with beautiful scenery
Golfplatz · Schwimmbad		Golf-course · Swimming pool
Ferienzeltplatz · Zeltplatz		Holiday camp · Transit camp
Jugendherberge · Sprungschanze		Youth hostel · Ski jump
Kirche im Ort, freistehend · Kapelle		Churches · Chapel
Kloster · Klosterruine		Monastery · Monastery ruin
Schloß, Burg · Schloß-, Burgruine		Palace, castle · Ruin
Turm · Funk-, Fernsehturm		Tower · Radio-, TV-tower
Leuchtturm · Kraftwerk		Lighthouse · Power station
Wasserfall · Schleuse		Waterfall · Lock
Bauwerk · Marktplatz, Areal		Important building · Market place, area
Ausgrabungs- u. Ruinenstätte · Feldkreuz		Arch. excavation, ruins · Calvary
Dolmen · Menhir		Dolmen · Menhir
Hünen-, Hügelgrab · Soldatenfriedhof		Cairn · Military cemetary
Hotel, Gasthaus, Berghütte · Höhle		Hotel, inn, refuge · Cave

Kultur / Culture

Malerisches Ortsbild · Ortshöhe	WIEN (171)	Picturesque town · Height of settlement
Eine Reise wert	★★ MILANO	Worth a journey
Lohnt einen Umweg	★ TEMPLIN	Worth a detour
Sehenswert	Andermatt	Worth seeing

Landschaft / Landscape

Eine Reise wert	★★ Las Cañadas	Worth a journey
Lohnt einen Umweg	★ Texel	Worth a detour
Sehenswert	Dikti	Worth seeing

5 km

REGISTER

In diesem Register sind alle in diesem Führer erwähnten Orte und Sehenswürdigkeiten sowie Hotels verzeichnet. Halbfette Seitenzahlen verweisen auf den Haupteintrag, kursive auf ein Foto.

Was bekomme ich für mein Geld?

 Das Preisniveau im Bayerischen Wald ist wohl mit das günstigste in ganz Deutschland. Das Preis-Leistungs-Verhältnis ist weitgehend in Ordnung. Dies gilt für Übernachtungen, die Gastronomie, fürs Einkaufen und für Ausflüge (auch wenn sich hie und da längst der Touristennepp eingeschlichen hat).

Die Übernachtung mit Frühstück sollte in gewöhnlichen Privatpensionen und in Bauernhöfen den Preis von 30 Mark pro Person nicht viel überschreiten. In Hotels und Gasthäusern liegt der Preis bei 40, mit Halbpension zwischen 45 und 55 Mark pro Person. Die Verkehrsämter stellen häufig Pauschalangebote vor, die in der Bundesrepublik nahezu konkurrenzlos sind. Dann gibt's eine Woche »Natururlaub« mit sieben Übernachtungen ab 150 Mark pro Person, inklusive Frühstück, Museumsbesuchen, Fahrrad- und Wandertouren. Sieben Tage Halbpension für 220 Mark sind inzwischen aber eine Seltenheit.

Nach einer Faustregel in der bayerischen Gastronomie sind jene Gasthöfe am besten, die eine historische Fassade aufweisen, »Zur Post« oder »Zum Löwen« heißen und über eine eigene Metzgerei verfügen. Generell ist die Gastronomie im Bayerischen Wald wohl so günstig wie sonst kaum in Deutschland, nur in touristischen Hochburgen erreichen die Preise fast schon Großstadtniveau. In gewöhnlichen (und gleichwohl guten) Wirtshäusern kleiner Orte muß man für ein Wiener Schnitzel etwas mehr als zehn Mark bezahlen und beim Wildragout mit Reibeknödel ist mit 25 Mark die Obergrenze erreicht. Weitere Preisbeispiele: Glashüttenabende am Glasschmelzofen mit Brotzeit, Getränken und Musik gibt's in Zwiesel für 20 Mark. Der Eintrittspreis für das berühmte Museumsdorf in Tittling beträgt fünf Mark. Die Schiffahrt von Passau nach Obernzell (3 Std.) kostet hin und zurück 14 Mark. Und für einen echten Wolpertinger, diese sagenhafte ausgestopfte Wundertiermischung aus Hase, Fuchs und Reh, sollten Sie nicht mehr als 200 Mark hinlegen.